Die Nordküste

Die Südküste

Das Inland

Die Küste um Pointe de Corsen, Tour 11

Bretagne

Dieses OutdoorHandbuch wurde konzipiert und redaktionell erstellt vom:

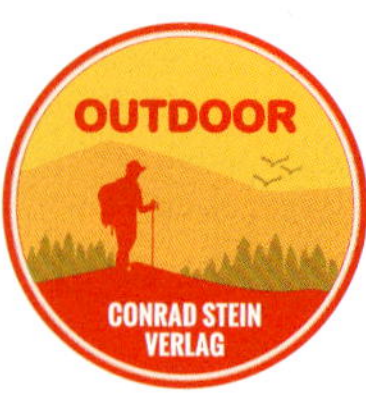

Conrad Stein Verlag GmbH
Kiefernstr. 6, 59514 Welver
☎ 023 84/96 39 12
info@conrad-stein-verlag.de
www.conrad-stein-verlag.de
www.facebook.com/outdoorverlag
www.instagram.com/outdoorverlag

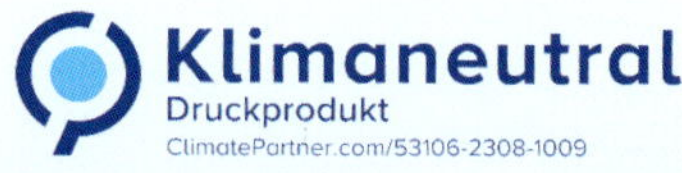

Als Outdoor-Verlag sind uns der Schutz und die Erhaltung der Natur seit jeher ein besonderes Anliegen. Auch in Sachen Klimaschutz haben wir eine Vorreiterrolle inne: Wir sind der einzige Buchverlag in Deutschland, der bereits seit 2008 seine Bücher konsequent klimaneutral in Deutschland produzieren und transportieren lässt. Dabei wird nicht nur klimaneutral, sondern auch nachhaltig, d. h. so umweltschonend wie möglich produziert, z. B. durch die Auswahl von umweltfreundlichen Materialien. Die bei der Produktion der Bücher entstandenen CO_2-Emissionen werden durch die Unterstützung von zertifizierten Klimaschutzprojekten ausgeglichen. Jedes Buch wird daher mit dem Logo „klimaneutral“ und einer Climate-Partner-Zertifikatsnummer versehen. Mithilfe dieser Nummer können Sie unter www.climatepartner.com Informationen zu der eingesparten CO_2-Menge und dem Projekt finden, das mit der Abgabe gefördert wird.

Das Engagement des Conrad Stein Verlags wurde im Rahmen des Projekts „Klimaneutraler Buchverlag“ mit dem Westenergie Klimaschutzpreis 2022 ausgezeichnet.

OutdoorHandbuch Band 455

ISBN 978-3-86686-643-0 1. Auflage 2023

Text und Fotos: Astrid Holler
Karten: Dieter Großelohmann
Lektorat: Ricarda Kuschma
Layout: Alexandra Sauerland

Gesamtherstellung: AZ Druck und Datentechnik GmbH, Kempten

Dieses OutdoorHandbuch hat 160 Seiten mit 57 farbigen Abbildungen sowie 25 farbigen Kartenskizzen im Maßstab 1:25.000/50.000/75.000, 26 farbigen Höhenprofilen und einer farbigen, ausklappbaren Übersichtskarte.

Alle Informationen, schriftlich und zeichnerisch, wurden nach bestem Wissen zusammengestellt und überprüft. Sie waren korrekt zum Zeitpunkt der Recherche. Eine Garantie für den Inhalt, z. B. die immerwährende Richtigkeit von Preisen, Adressen, Telefonnummern und Internetadressen, Zeit- und sonstigen Angaben, kann naturgemäß von Verlag und Autorin – auch im Sinne der Produkthaftung – nicht übernommen werden.

Autorin und Verlag freuen sich über Ihr Feedback. Schreiben Sie Ihre Tipps und Verbesserungen an info@conrad-stein-verlag.de oder nutzen Sie unsere Social-Media-Kanäle. Bitte nennen Sie dabei Titel, Auflage und Seitennummer.

Dieses Buch ist im Buchhandel und in Ausrüstungsläden erhältlich und kann im Internet oder direkt beim Verlag bestellt werden.

Titelfoto: Am Gouffre de Castel Meur, Tour 5

Inhalt

Die Südküste 69

Das Inland 122

☺ Eine **Übersichtskarte** des Weges, **Autorinnenprofil** sowie eine Liste aller verwendeten **Symbole** in diesem Buch finden Sie auf den vorderen und hinteren Umschlagseiten bzw. -klappen.

Bretagne

Die Bretagne – Savoir-vivre und „Große Steine“

Dass die Bretagne mit ihren über 2.700 km Küste reichlich Gelegenheit zum Sonnenbaden bietet, ist unter Touristinnen und Touristen längst kein Geheimnis mehr. Doch die Bretagne überzeugt nicht nur als ideale Kulisse für den perfekten Strandurlaub: Vor allem für Wanderbegeisterte offenbart sich hier zwischen Ärmelkanal und Nordatlantik ein wahres Naturparadies voller Überraschungen und erlebbarer Historie. Dabei ist die Bretagne gleichzeitig eins der zugänglichsten Wandergebiete Europas, da die Landschaft vor allem von seichtem Mittelgebirge geprägt wird – allzu große Steigungen bleiben hier zumeist aus. Lassen Sie Ihren Blick stattdessen über weitläufiges Heideland und mystisch anmutende Moore schweifen. Erwandern Sie stille Wälder, kühle Flusstäler und erleben Sie nicht zuletzt die atemberaubenden Steilküsten, denen die Römer den Namen „Finis Terra“, „Ende der Welt“, gaben. Derweil laden Sie idyllische Dörfer und Städte ein, die bretonische Kultur und Herzlichkeit hautnah zu erleben.

An kaum einem Ort in Europa finden sich so viele Zeugnisse vergangener Zeiten wie in der Bretagne. Egal welches Kapitel der Menschheitsgeschichte man aufschlägt, hier trifft man überall auf ihre Spuren. Vor allem die Dolmen und Menhire der steinzeitlichen Megalithkultur prägen noch immer vielerorts das Landschaftsbild und reizen dazu, sich die Lebens- und Arbeitsweisen unserer Urahnen vorzustellen.

Mit diesem Buch lade ich Sie ein, die Faszination der Bretagne zu Fuß zu erleben – meiner Meinung nach die beste Art, diese einzigartige Region zu bereisen. Dabei war mir bei der Auswahl der Touren vor allem die Abwechslung wichtig. So werden Sie mal von Heidekraut oder Wäldern umgeben sein, aber auch Teile des berühmten Zöllnerpfades begehen, der die Bretagne entlang der Küste umrundet. Egal ob Sie die Stille der Natur genießen oder in das Treiben der Küstenstädte eintauchen wollen, werden Sie in diesem Buch sicher etwas finden, das Ihre Wanderlust weckt. Erleben Sie kulturelle Sehenswürdigkeiten, viele kleine Entdeckungen entlang der Wege und – nicht zuletzt – die fantastische regionale Küche. Ich bin mir sicher, dass die Bretagne auch Sie bezaubern wird.

Ihre Astrid Holler

Reise-Infos

Anreise

Sie können die Bretagne mit dem Flugzeug, dem Zug oder dem eigenen Wagen erreichen.

Flughäfen befinden sich in Rennes im äußersten Osten der Bretagne und Brest im Westen. Es gibt keine Direktflüge zu den beiden Flughäfen, sondern nur Verbindungen mit Zwischenlandung in Paris. Ich halte diese Reiseart jedoch für nicht mehr zeitgemäß.

Das Eisenbahnnetz ist gut ausgebaut, lediglich im bretonischen Inland ist das Angebot begrenzt. Die Anreise per Bahn aus Deutschland erfolgt mit dem ICE, TGV oder Thalis. Auch hier werden Sie über Paris fahren (Gare de l'Est oder Gare du Nord). ☝ Von dort müssen Sie zum Gare Montparnasse wechseln. Dazu haben Sie ca. 50 Min. Zeit, in der Sie mit der Metro Linie 4 durch Paris fahren müssen incl. Ticketkauf und Bahnsteigsuche. Seien Sie also vorbereitet, das Zeitfenster ist knapp.

Preise für die Hin- und Rückfahrt je nach Zielbahnhof ab 240 €/Person.

Näheres finden Sie unter:

- 💻 https://www.sncf-connect.com/de-de/
- ♦ https://www.ter.sncf.com/bretagne
- ♦ https://www.breizhgo.bzh/

Auch das bretonische Straßennetz ist sehr gut ausgebaut. Eine Besonderheit bilden die Autobahnen. In der Bretagne gibt es nur Nationalstraßen, viele davon sind jedoch autobahnähnlich ausgebaut, auf diesen gibt es ein Tempolimit von 110 km/h. Dafür sind sie aber kostenfrei. Es gibt hier jedoch keine Autobahnen.

Die Bretagne erreichen Sie mit dem Auto entweder über Belgien (Mons), Le Havre, Caen oder über Paris, Le Mans und Rennes.

Unterkünfte und Standorte

Der Tourismus ist ein bedeutender Wirtschaftszweig in der Bretagne – mit wachsender Tendenz. Daher werden Sie in den meisten Regionen ein gutes Angebot an Hotels, Campingplätzen, Ferienwohnungen etc. finden, wobei jedes Komfort- und Preissegment abgedeckt ist. Wildes Campen ist in der gesamten Bretagne verboten.

Möchten Sie mehrere Wanderungen gebündelt unternehmen, so eignen sich als Stützpunkte Saint-Briac-sur-Mer, Perros-Guirec, Brest und Vannes.

Nähere Infos finden Sie unter

💻 https://www.tourismebretagne.com/

Verkehrsmittel

Sie werden, um den Aufwand in erträglichem Maße zu halten, vielfach das Auto benutzen müssen. Das Busnetz ist zwar, bis auf das Inland, recht gut ausgebaut, aber die Busse fahren nur im Sommer wirklich häufig. In der übrigen Zeit sind Sie in Ihrer Planung mit den Bussen sehr eingeschränkt.

Fahrpläne finden Sie unter:

💻 https://www.breizhgo.bzh/

- https://www.reseau-mat.fr/ für den Bereich St. Malo, ☞ Tour 1
- https://www.lannion-tregor.com für den Bereich Granit Rose und le Grande, ☞ Touren 6-9
- https://de.belle-ile.com/ für die Belle-Île, ☞ Tour 16
- https://www.lilapresquile.fr/ für das Brière, ☞ Tour 20

Klima und Reisezeit

Die Bretagne liegt im äußersten Westen Frankreichs und ragt tief ins Meer hinein. Das und die Nähe zum Golfstrom sichert ein ozeanisches Klima, das relativ milde Winter und angenehme Sommer garantiert. Im Jahresmittel liegen die Temperaturen zwischen 9 und 12 °C. Schnee und Frost treten nur selten auf, die Sommer sind angenehm warm und bringen es auf 2.000 Sonnenstunden.

Die Niederschlagsmengen sind durchaus niedrig, an der Südküste regnet es weniger als an der Nordküste und im Inland. Allerdings ist die Bretagne auch bekannt für ihre raschen Wetterwechsel. War es gerade noch sonnig, kann im nächsten Moment schon ein Schauer niedergehen. Diese sind meist nicht lang anhaltend, Sie sollten aber darauf vorbereitet sein. Zudem weht ein beständiger Westwind, der nicht selten Sturmstärke erreichen kann. Da sich auch diese Region dem Klimawandel nicht entziehen kann, können sich auch hier die Wetterverhältnisse in Zukunft ändern.

„Sagen Sie Ihren Lesern, dass sie auf keinen Fall im Juli und August in die Bretagne reisen sollen." So die Aussage der Besitzerin einer Crêperie in Ploumanac'h. In diesen beiden Monaten gehört die Bretagne den Französinnen und Franzosen – speziell den Pariserinnen und Parisern. Wann Sie in die Bretagne reisen, hängt auch stark von Ihrem Naturell ab. So kann auch der Winter mit seinem rauen, windig bis stürmischen Wetter seinen Reiz haben, auf jeden Fall werden Sie alleine sein und Ihre Ruhe haben. Favorit ist natürlich auch hier der Frühling mit seinen gelben und roten Farben der Heide. Ab Mai sind die Temperaturen dann auch schon sehr angenehm. Auch der Herbst lädt noch zum Wandern ein, wenn die Wälder langsam goldgelb werden.

Karten und GPS

Die Wanderungen in diesem Buch sind so beschrieben, dass Sie sich damit gut orientieren können. Trotzdem kann es nicht schaden, gutes Kartenmaterial dabeizuhaben. Die besten und aktuellsten Karten finden Sie vor Ort in den Touristenbüros. Dort können Sie sich auch über den Zustand oder Änderungen der Wege informieren.

☺ Ich benutze in Frankreich immer Wanderkarten aus der Blauen Reihe von IGN (1:25.000) und bin damit bestens zurechtgekommen. Näheres finden Sie unter 💻 https://ignrando.fr/fr/. Die Karten sind selbstverständlich auch über den deutschen Buchhandel erhältlich.

☺ Die Kartenempfehlungen wurden von der Geobuchhandlung Kiel überprüft, ☎ 04 31/942 49.

Die GPS-Tracks zu den beschriebenen Wegen können Sie auf der Internetseite des Verlags (💻 www.conrad-stein-verlag.de) herunterladen.

📖 **GPS** Grundlagen · Tourenplanung · Navigation von Michael Hennemann, Conrad Stein Verlag, Basiswissen für draußen, Band 375, ISBN 978-3-86686-769-7, € 12,90

Wanderinfrastruktur

Die Bretagne ist mit einem dichten Netz an Wanderwegen überzogen. Die meisten Wege sind gut markiert und lassen sich problemlos finden. Die Markierung der Fernwanderwege (in Frankreich mit GR bezeichnet) ist immer weiß-rot. Da einige unserer Wanderungen auf dem Zöllnerpfad entlanggehen, werden Sie dieser Markierung des Öfteren begegnen.

Der Charakter der Wanderwege spiegelt oftmals den wilden Charakter der Landschaft wider. Das erhöht durchaus auch den Erlebniswert der Wanderung, wenngleich sie dadurch auch anstrengender in Bezug auf Kondition und Aufmerksamkeit wird.

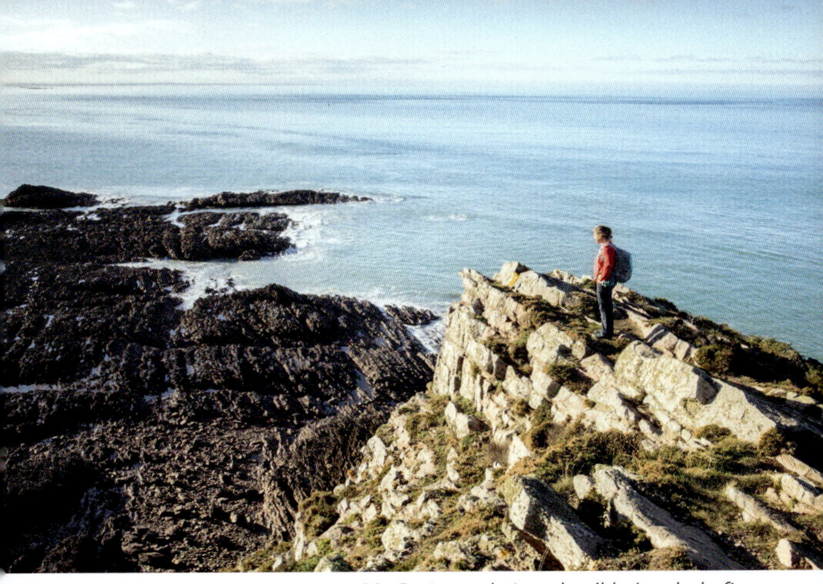

Die Bretagne hat auch wilde Landschaften

Wandern mit Kind und Buggy

Die Bretagne wartet mit einer rauen, z. T. wilden Landschaft auf. Das liegt nicht jedem Kind. Deshalb sollten Sie mit einigen Eingewöhnungstouren, wie ☞ Tour 6, 7, 8, 15, 19 und 20, beginnen. Ansonsten werden auch Ihre Kinder in der Bretagne zurechtkommen.

Anders sieht es für Wanderinnen und Wanderer mit Kinderwagen aus. Man muss klar sagen, dass die Wanderwege für Buggys absolut ungeeignet sind. Lediglich Tour 20 lässt sich komplett mit Kinderwagen begehen, andere Touren (3, 15, 21, 23) können nur in Teilen mit Buggys begangen werden (siehe Beschreibung).

Wandern mit Hund

Die beschriebenen Wege sind häufig felsig und steinig. Das mag nicht jede Hundepfote. Touren mit relativ ebenen Wegen sind ☞ Tour 4, 15, 18, 19 und 20. Auf vielen Wanderungen kommen Sie an keinen Wasserstellen vorbei, an denen sich Ihr Tier erfrischen könnte. In diesem Fall müssen Sie genügend Trinkwasser mitnehmen. Im Info-Block der Tour wird jeweils darauf hingewiesen.

Bei der Einreise nach Frankreich benötigen Sie einen EU-Heimtierausweis, der auch als Nachweis der vorgeschriebenen Tollwutimpfung dient. Eine allgemeine Leinenpflicht gibt es in Frankreich nicht, jedoch kann jede Gemeinde ihre eigenen Verordnungen erlassen. Dafür sind Hunde offiziell an Stränden verboten, mit oder ohne Leine. Manche Gemeinden haben eigene Strandbereiche für Hunde ausgewiesen.

Weiter Informationen erhalten Sie unter

www.auswaertiges-amt.de

Updates

Der Conrad Stein Verlag veröffentlicht Updates zu diesem Buch, die direkt von der Autorin oder von Leserinnen und Lesern dieses Buches stammen.

Bitte suchen Sie vor Ihrer Abreise auf der Verlagshomepage www.conrad-stein-verlag.de diesen Titel. Unter dem Punkt „Updates“ finden Sie alle wichtigen Informationen.

Der links abgebildete QR-Code führt Sie direkt zu der richtigen Seite.

Die Nordküste

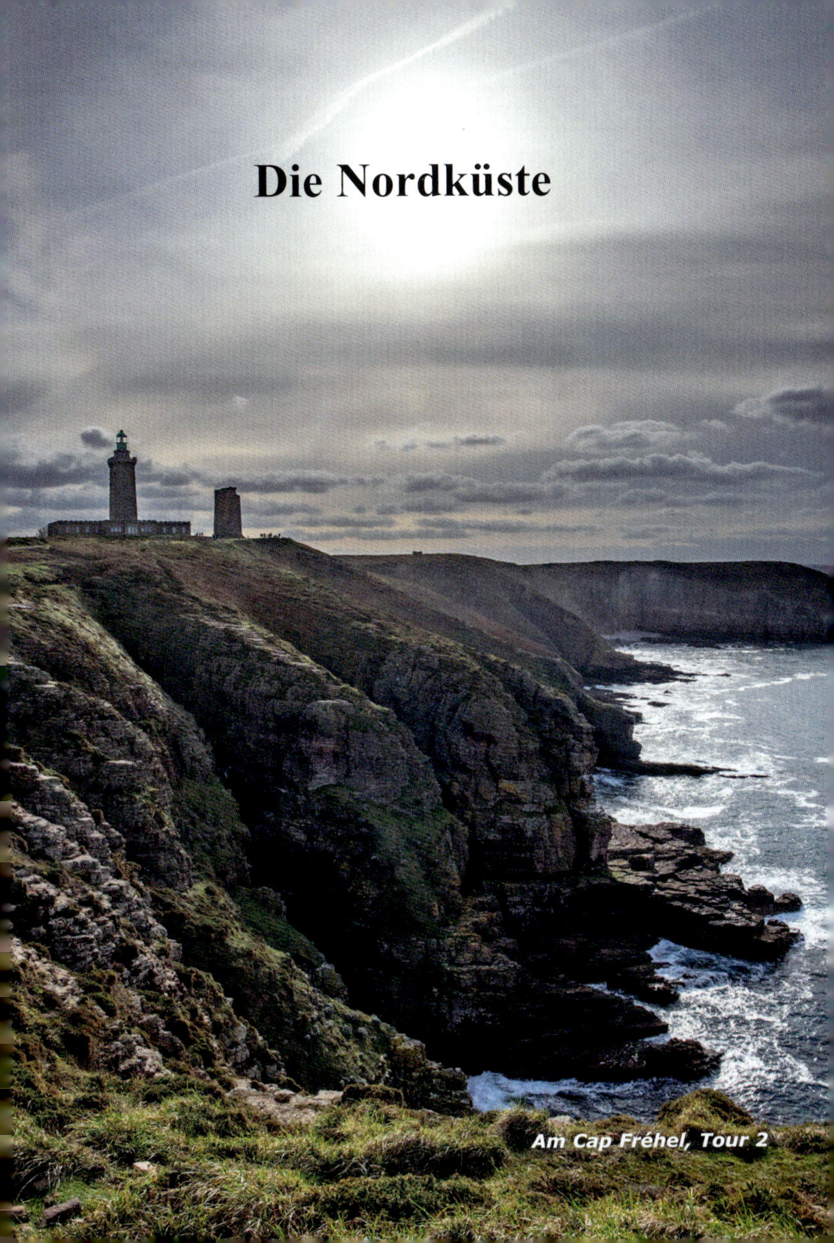

Am Cap Fréhel, Tour 2

❶ Pointe du Grouin

Tour für geländegängige Liebhaberinnen und Liebhaber üppiger Küstenlandschaften

Planen Sie diese Wanderung für die Zeit rund um Karneval ein, dann blühen die Mimosen! Ganze Wälder davon durchwandern Sie. Sie erhaschen einen Blick auf die berühmte Klosterinsel Mont-Saint-Michel, auf Vogelinseln und auf Leuchttürme. Dabei umweht Sie eine herrliche Meeresbrise.

Start/Ziel: Parkplatz in Le Verger gegenüber der Kapelle, GPS N 48°41.650‘ W 001°52.870‘

14 km

4 Std. 30 Min.

↑ ↓ 373 m/373 m

3-51 m

auf dem GR 34 entlang der Küste weiß-rote Markierung, sonst gelb

schwieriger Küstenweg, teils felsig, teils sandig, wenige breite Wanderwege, ein längerer Abschnitt über ruhige Dorf- und Landstraßen

Restaurant La Pointe du Grouin (km 4,2), Au Large in Port Mer (km 6,6)

Aussichtsbänke bei km 5,8 und km 7,7, Picknickbänke bei km 8 und km 9,3

WC am Parkplatz bei km 0,3, in Cancale (km 6,6)

Auf den ersten 8 km und den letzten 2 km haben Sie immer wieder Gelegenheit, im Meer zu baden.

Eher eine Tour für ältere, wanderbegeisterte Kinder. Wenn Sie trotz der langen Strecke eine längere Pause einplanen, gibt es immer wieder Möglichkeiten, zu baden und am Strand zu spielen. Auch ein Eis ist unterwegs erhältlich. Der Uferweg ist manchmal sehr schwierig und absturzgefährdet, daher werden jüngere Kinder hier Hilfe benötigen. An vier Stellen muss die D201 überquert werden (km 8, km 9,2, km 11 und km 11,5).

für Kinderwagen gänzlich ungeeignet

Ihr Hund sollte an unwegsames Gelände gewöhnt sein, gerade der Uferweg kann für Hundepfoten ungemütlich werden. Seitlich fällt öfter das Gelände steil ab. Achten Sie hier besonders auf Ihr Tier. Denken Sie bitte an ausreichend Trinkwasser für unterwegs.

P Einige Parkplätze entlang der Wegstrecke, empfohlen wird der Parkplatz am Start/Ziel.

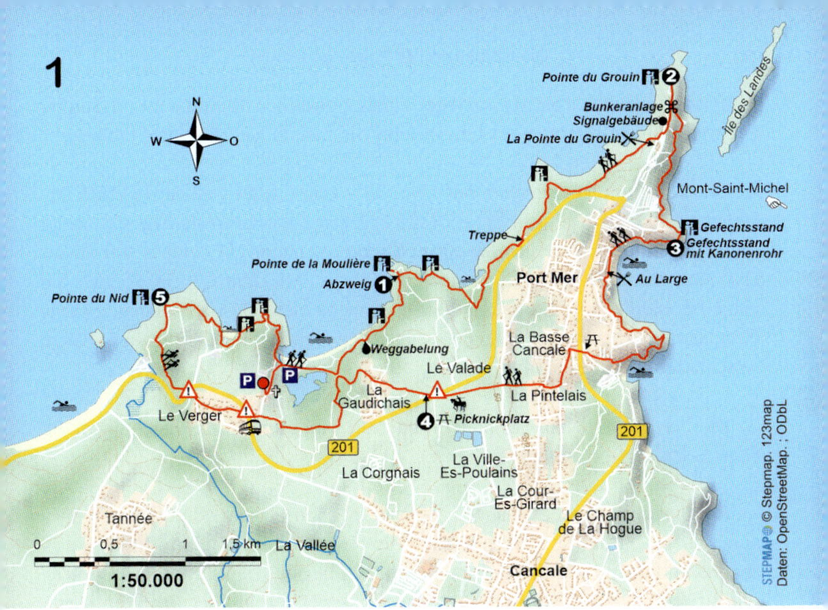

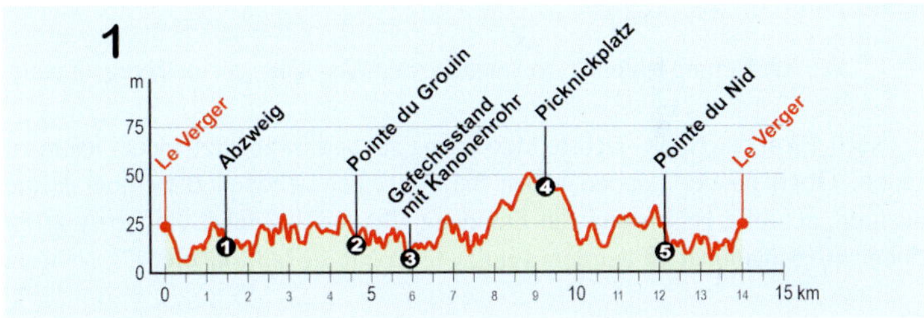

Mit der Linie 9 (St. Malo – Cancale) fahren Sie nach Le Verger, Haltestelle „Le Verger“, etwa stündlich. Von der Haltestelle gehen Sie in Richtung „Chapelle du Verger“ und erreichen nach 200 m den Startpunkt.

Vom **P** Parkplatz aus sehen Sie die ✞ Kapelle von Le Verger, an der Sie als erstes vorbeikommen. Vor der Kapelle nach links und bergab führt Sie der Fußweg neben der Straße in Richtung Meer. Sie erreichen einen großen Parkplatz (WC, km 0,3) und gehen weiter geradeaus, parallel zum Strand. Der Parkplatz endet bei einem Hundeverbotsschild. 20 m weiter erreichen Sie eine Holzschranke.

Dahinter erwartet Sie ein sandiger Fußweg zwischen Uferdünen und Sumpf. Die weiß-rote Markierung des GR 34 führt Sie nun ab hier die Küste entlang.

Der Sentier de grande randonnée No. 34 – kurz GR 34 – ist ein Teilstück des Fernwanderweges E9, der Narva-Jõesuu in Estland mit Cabo de São Vicente in Portugal verbindet. Wer sich die ganze Strecke vornimmt, ist rund 5.000 km an Ost- und Nordsee sowie am Atlantik unterwegs. Mit dem GR 34 können Sie immerhin die gesamte bretonische Küste kennenlernen. Da viele lohnende Wanderungen direkt am Meer verlaufen, gibt Ihnen dieses Buch Gelegenheit, einige Abschnitte davon auszuprobieren.

Nach links haben Sie immer wieder die Möglichkeit, auf Pfaden durch die Dünen den Strand zu erreichen.

Auf dem Wanderweg gelangen Sie bald in einen Pinienwald und gehen links durch die Holzschranke. Haben Sie das Meer bisher nur gehört, so können Sie es ab jetzt auch erblicken. Sandige und leichter zu begehende Wegabschnitte wechseln sich ab. Schon wölbt sich wieder zerzauster Uferwald über den Weg. Nach einer Rechtskurve gabelt sich der Weg (km 1).

Die Markierung fehlt hier. Nehmen Sie den Weg links, der steil bergauf führt.

Nach 10 m taucht die nächste Markierung auf und ist ab jetzt wieder leicht zu finden. Oberhalb der Klippen haben Sie nun einen schönen Blick über kleine Buchten, schroffe Felsen und die Brandung. Bei km 1,6 führt ein Abzweig zu einem Aussichtspunkt ❶ auf dem Landzipfel Pointe de la Moulière.

Sie überblicken den ganzen Strand von Le Verger. Bei Seegang werden Sie sicher einige Surferinnen und Surfer beobachten können.

Wieder auf dem Weg geht es nun steil bergauf und dann – an einer Klippe – wieder zügig bergab.

Achtung, der Weg ist hier sehr schwer begehbar, nach Regenfällen aufgeweicht und matschig und sehr steil! Nehmen Sie jüngere Kinder an die Hand. An der niedrigsten Stelle fließt ein dünner Bach über den Weg, dann geht es ebenso unwegsam und steil wieder bergauf.

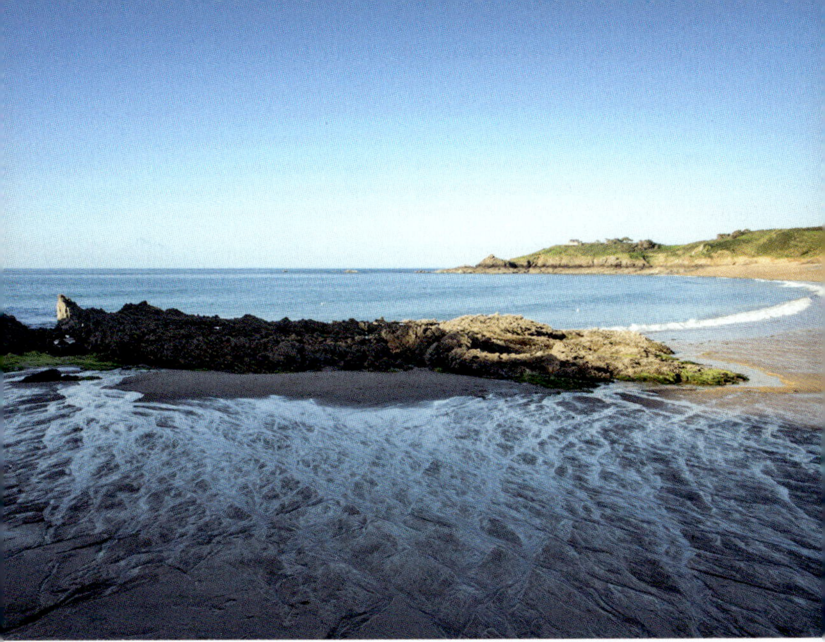

Pointe de la Moulière

Bei km 1,8 erreichen Sie einen weiteren Aussichtspunkt auf einer Landspitze. Beim Blick zurück sehen Sie ein Haus auf dem Klippenrand, in Gehrichtung tut sich die nächste Bucht auf. Bergab und am nächsten Strand vorbei wandern Sie zwischen Uferdickicht und kommen bei km 2,2 an eine Wegkreuzung. Hier befindet sich ein Müllbehälter für Strandgut und eine Infotafel.

Der Wegweiser nach rechts für den GR 34 ist hier leicht zu übersehen.

Kurz läuft der Wanderweg direkt an der Landstraße entlang, dann geht es nach wenigen Metern wieder in Richtung Meer und einen Treppenweg hinunter. Inzwischen können Sie das weiße Gebäude der Signalanlage der Pointe du Grouin erblicken.

Sie laufen auf eine Holzschranke zu, hinter der sich ein Parkplatz und die Gaststätte La Pointe du Grouin befinden. Kurz vor der Schranke (km 4,4) schwenkt Ihr Weg nach links und läuft auf das weiße Gebäude zu.

✕ La Pointe du Grouin, 35260 Cancale, ☏ 02 99/89 60 55,
hotelpointedugrouin.com, reservation@hotelpointedugrouin.com
Küche 1. April-1. Nov Mi und Fr-Mo 12:00-13:30 und 19:00-20:30, Do 19:00-20:30, Menüs zwischen € 30 und € 80, sehr kinderfreundlich, ☺ bitte reservieren

Um das Signalgebäude herum gelangen Sie zur Landspitze Pointe du Grouin ❷ (km 4,6). Ein lohnender Ausblick auf die vorgelagerten Vogelinseln Île des Landes, weiter draußen La Roche Herpin und auf den Leuchtturm Phare de la Pierre-de-Herpin erwarten Sie. Sie gehen zurück bis zur ⌘ Bunkeranlage mit der Infotafel und gelangen zu einem Fußpfad, der Richtung Meer abzweigt.

Ein schwieriger, weil schmaler und ausgetretener Weg nahe den Klippen verlangt Ihre Konzentration.

☺ Bei klarer Sicht erkennen Sie von hier die Insel Mont-Saint-Michel.

Die Abtei Mont-Saint-Michel wird zu den wichtigsten Kirchenbauwerken des Mittelalters gerechnet. Denn sie liegt nicht nur beeindruckend schön vor der bretonischen und normannischen Küste, sondern ist Fundus und Forschungsobjekt für Historikerinnen und Historiker. Sollten Sie einen Ausflug dorthin unternehmen, verlassen Sie die Bretagne: Die gleichnamige Insel, auf der sie liegt, gehört offiziell zur Normandie.

Der Uferbereich wird lieblicher. Sie erreichen ein Metallgeländer (km 5,6), bergab führt ein Treppenweg zu einem Anlegesteg. Gehen Sie hier nach rechts und bergauf! Wieder folgt eine schwierige Passage entlang des Zauns des Campingplatzes. Dann wird die Markierung wieder zuverlässig und der Weg leichter. Über Treppen und Betonstege passieren Sie einen Gefechtsstand, der als Aussichtspunkt dient (km 5,8). Ein paar Schritte weiter können Sie auf der Aussichtsbank mit Blick auf Mont-Saint-Michel rasten.

Der Weg macht nun eine Rechtskurve. An einem Gefechtsstand mit Kanonenrohr ❸ (km 5,9) vorbei laufen Sie durch Mimosenwald. Der Ort Port Mer rückt näher. Immer in Ufernähe erreichen Sie diesen. Es geht vorbei an ✕ Restaurants, dem Strand und einer öffentlichen Toilette (km 6,6).

✕ Au Large, 3 Rue Eugène et Auguste Feyen, 35260 Port Mer, 09 67/26 66 98,
facebook.com/Au-Large-Chez-Natacha-1848667972048397, Fr-Mi 9:00-21:00, Küche Fr-Mi 9:00-13:00, Snacks, Steaks und Burger, Kinder sind willkommen.

Die Uferstraße knickt nach rechts ab, nach etwa 15 m finden Sie einen abzweigenden Pfad mit der bekannten Markierung. Üppige Natur umgibt Sie. Vorbei an einer weiteren Bank (km 7,7) laufen Sie bald bergab auf ein Holztor zu. Hier gabelt sich der Weg. Nach rechts geht es einen steilen, schmalen Pfad bergauf (km 7,8). Dort finden Sie die gelbe Markierung und den gelben Pfeil Richtung La Plage du Guesclin. Dies wird Ihre Orientierung für den nächsten Wegabschnitt. Nach links geht es für Sie durch ein Holztor. Die Markierung ist nun leicht zu entdecken.

Den Wanderparkplatz mit den Picknickbänken (km 8) passieren Sie rechter Hand. Geradeaus unter der Unterführung hindurch geht es weiter bergauf durch La Basse Cancale. Sobald die größte Steigung vorbei ist, sehen Sie rechts einen Verkehrsspiegel. Hier geht es nach links, ein hübscher Hohlweg empfängt Sie. Wieder auf der Dorfstraße fehlt eine Markierung. Biegen Sie nach links ab, dann finden Sie auch bald wieder zuverlässig die nächsten Markierungen.

Sie verlassen das Dorf, wandern durch Felder und überqueren eine ruhige Nebenstraße. Nach einem Pferdehof zur Linken erreichen Sie die Landstraße (km 9,2), die Sie nun vorsichtig überqueren. Gegenüber laufen Sie geradeaus an dem gemütlichen Picknickplatz ❹ (km 9,2) vorbei. Das nächste Dorf – La Gaudichais – durchqueren Sie und haben nun wieder einen schmalen und sehr holprigen Wanderweg vor sich. Das Meer können Sie dabei immer wieder zwischen großen Hecken durchschimmern sehen.

Bei km 10 gelangen Sie zu einer Baumgruppe Kiefern. An diesen vorbei und dann gleich links auf den schmalen Pfad wandern Sie nun durch schönen Uferwald. Die durchgehend gute Markierung führt Sie über einen Steg, unter dem ein Bach fließt, dann nach einer Gabelung einen steilen Hohlweg bergauf. Vorbei an einer Pferdekoppel erreichen Sie Le Verger.

Bei km 11 überqueren Sie die Landstraße. Außerdem finden Sie hier eine Bushaltestelle der Linie 9 und ein Wartehäuschen.

Auf der anderen Fahrbahnseite geht es weiter in die Straße mit dem Tempo-30-Schild. Durchs Dorf gelangen Sie ein weiteres Mal zur Landstraße, die Sie erneut vorsichtig überqueren (km 11,5). Dem Fußweg auf der anderen Straßenseite fehlt die Markierung.

Sie gehen einfach weiter geradeaus, bis Sie das Meer erreichen. Sobald Sie das Holzgatter (km 11,9) durchquert haben, wenden Sie sich an der T-Kreuzung nach rechts. Ab jetzt folgen Sie wieder der anfänglichen Markierung des GR 34 (weiß-rot).

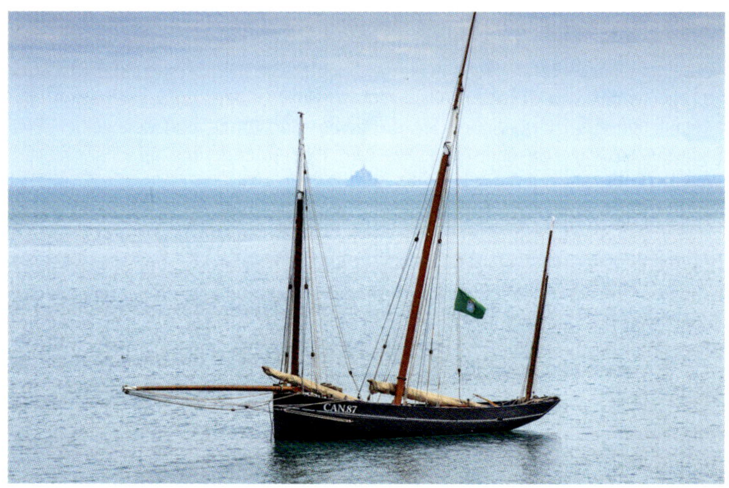

Segelschiff in der Bucht

Schon nach 300 m stehen Sie am Aussichtspunkt Pointe du Nid ❺. Von hier aus sehen Sie bereits den Strand Plage du Petit Port. Der Weg dorthin ist wiederum schwierig. Nach Regenfällen kann es hier glatt sein.

Eine riesige Zypresse wächst am Wegrand, dann umrunden Sie schon den länglichen Strand.

Beim Bachlauf haben Sie die Möglichkeit, auf den Strand zu gelangen.

Der Uferweg führt Sie nun über Treppen wieder hinauf auf die Klippen. An der Pointe des Daules (km 13,1) erreichen Sie einen weiteren Aussichtspunkt und einen letzten bei km 13,2. Der Weg führt hier an einem gelben Wegweiser vorbei und knickt dann nach links ab, um ein paar Felsblöcke zu umrunden.

Links tut sich eine tiefe Schlucht auf. Hier herrscht Absturzgefahr!

Der Weg läuft nun bald bergab, durch ein Holztor und dahinter zu einem Parkplatz. Hier gehen Sie nach rechts bergauf und erreichen nach 300 m wieder den Ausgangspunkt der Wanderung.

2 Cap Fréhel

Tour für Liebhaberinnen und Liebhaber von steilen Küsten und Leuchttürmen

Die höchsten Felsabbrüche an der bretonischen Küste befinden sich hier am Cap Fréhel. Bis zu 75 m fallen sie nahezu senkrecht ins Meer. Der Leuchtturm, der zu den fünf stärksten Leuchttürmen in Frankreich gehört, befindet sich ebenfalls hier am Cap Fréhel. Eine markante Vogelinsel und eine historische Festung runden dieses Wanderschmankerl ab. Als krönenden Abschluss gibt es hervorragende Galettes in Plévenon.

Start/Ziel: Parkplatz Route du Cap in Plévenon, GPS N 48°39.350‘ W 002°19.690‘

16,8 km

6 Std.

470 m/470 m

10-77 m

gelbe Streifen, weiß-rot (GR 34) entlang der Küste

meist schmale, teils felsige Wanderwege, dann befestigte Forstwege und vereinzelt Holzstege, Treppenwege und ruhige Asphaltstraßen

Crêperie Le Cap Fréhel in Plévenon, Le Petit Galet (km 13,2)

Picknickplatz am Calvaire (km 0,1) und am Camping municipal du Cap Fréhel (km 1,6)

Bäcker und Metzger in Plévenon am Start/Ziel, La Chèvrerie du Cap (km 13,7)

WC im Touristenbüro in Plévenon am Start/Ziel, Parkplatz am Cap Fréhel (km 6,2)

Es gibt kurze Passagen, auf denen Trittsicherheit erforderlich ist. Gegebenenfalls müssen Sie hier Kinder unterstützen. Am Campingplatz gibt es eine Bademöglichkeit.

mit Buggy nicht möglich

Auf den kurzen Passagen, auf denen Trittsicherheit erforderlich ist, müssen Sie besonders auf Ihre Hunde achtgeben. Für Hunde genügend Wasser mitnehmen!

P Parkplatz am Start/Ziel, Parkplatz Plage de la Fosse (km 1,7), Parkplatz am Leuchtturm (km 6,2), Parkplatz am Fort La Latte (km 11,1)

Mit der Linie 2 (St. Brieuc – Plévenon) fahren Sie nach Plévenon, Haltestelle „Église“, mehrmals täglich. Von der Haltestelle folgen Sie der Rue du Cap ca. 200 m zum Start.

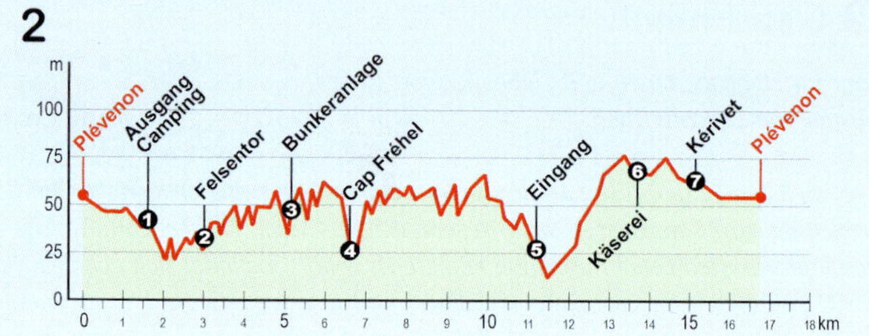

Am Startpunkt finden Sie eine Wandertafel, auf der Sie auch diese Tour finden. Die gelbe Markierung führt Sie nach links in Richtung Dorf. Gleich nach 100 m passieren Sie den ⌘ Kalvarienberg von Plévenon und einen geräumigen ⩫ Picknickplatz.

Weiter geradeaus sehen Sie ein Steinkreuz auf einer Verkehrsinsel. (✋ Die Markierungen sind hier zwar vorhanden, können jedoch leicht übersehen werden.) Am Kreuz knickt der Weg nach rechts und dann beim Zebrastreifen in die Rue du Pont Tirant ab.

➪ Wenn Sie nach links auf der Rue du Cap Richtung Kirche gehen, erreichen Sie nach ca. 250 m eine Crêperie.

✕ Crêperie Le Cap Fréhel, 6 Place de l'Église, 22240 Plévenon, ☏ 02 96/41 41 89, 💻 facebook.com/descloseditih/, 🚪 Juli und Aug So-Fr, sonst Mi-Mo 9:00-19:00, Küche 12:00-18:00, Weihnachten und erste Januarwoche geschlossen, Crêpes und Galettes, 👪 kleine Spielecke für Kinder, 🐕 Hunde willkommen

Zwischen zwei weißen Häusern mit braunen Schlagläden knickt der Wanderweg nach links ab, ein Pfeil weist in Richtung GR 34. Der gelbe Streifen ist ab nun zuverlässig und leicht zu finden. Sie passieren zwei kleinere Ortschaften und gelangen durch Heide zum Camping municipal du Cap Fréhel. Sie treten durch die Holzschranke und durchqueren den Platz.

Beim Ausgang des Campingplatzes ❶ (km 1,6) finden Sie weitere ⩫ Picknickbänke. Eine geteerte Zufahrt führt Sie in Richtung Meer. Am Zebrastreifen wechseln Sie an der Landstraße die Fahrbahnseite und folgen ab jetzt nach rechts dem GR 34 und der weiß-roten Markierung. Sie werden keine Schwierigkeiten bei der Wegfindung haben.

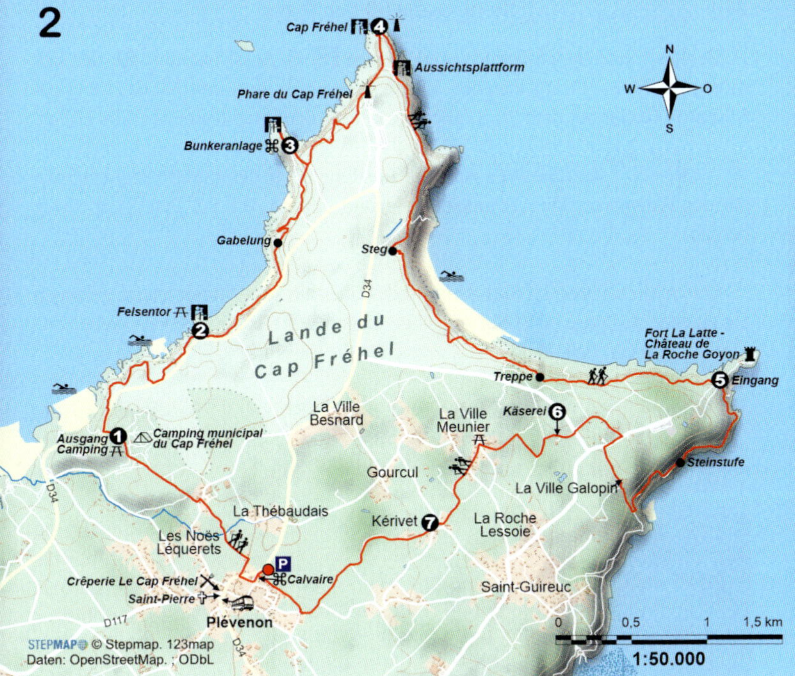

Durch Heidekraut, Farn und Stechginster verläuft der schmale Pfad immer in Küstennähe, bald führt Sie ein holpriger Wegabschnitt mit Felsstufen und -blöcken im Bogen um eine Meeresbucht herum und bis zur Landstraße zurück. Dann schert der Pfad wieder zum Klippenrand. Hier haben Sie immer wieder schöne Ausblicke auf die Côte d'Émeraude.

Der Name Côte d'Émeraude, also die Smaragdküste, wurde in der Zeit um 1890 vom Lokalhistoriker Eugène Herpin aus St. Malo hervorgebracht. Er wollte mit diesem Sehnsuchtsbegriff wohl auf die landschaftlichen Schönheiten aufmerksam machen und hatte damit im Hinblick auf den steigenden Tourismus in der damaligen Zeit durchaus wirtschaftliche Interessen. Das soll jedoch nicht den Umstand schmälern, dass die Küstenregion vom Cap Fréhel bis Cancale – auch „Bretonische Riviera" genannt – zu den schönsten Küstenlandschaften der Bretagne zählt.

Bei km 3 erreichen Sie einen ummauerten Aussichtspunkt ❷, der sich wunderbar für ein Picknick eignet. Schauen Sie hinab, dort umspült das Meer ein Felsentor. Weiter auf dem Weg sehen Sie bereits den Leuchtturm von Cap Fréhel.

Bei km 4 läuft der Weg auf eine Gabelung zu, in deren Mitte liegt ein Stein mit der Wegmarke. Dies ist uneindeutig und bezieht sich auf den Treppenweg bergab!

Durch ein sachtes Tal und dann wieder über ein paar Stufen hinauf gelangen Sie zu einer Festungs- und Bunkeranlage ❸ (km 5,2). Nun ist es bis zum Leuchtturm nicht mehr weit. Bei km 6,2 erreichen Sie diesen.

Phare du Cap Fréhel, 22240 Plévenon, ☏ 02 96/84 19 99, ☺ Besichtigung auf telefonische Anfrage, € 3, Kinder von 7-14 Jahren € 1,50. Ein WC befindet sich auf dem letzten Parkplatz ca. 100 m von hier entfernt.

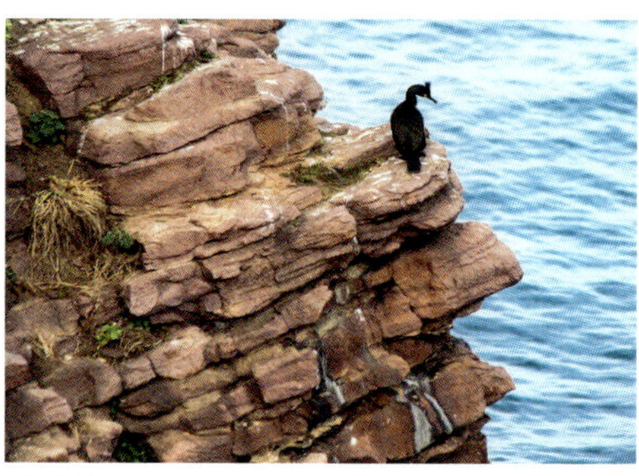

Vogelfelsen

Nehmen Sie sich die Zeit, am Turm vorbei bis zur Landspitze ❹ (km 6,6) zu gehen – ein atemberaubender Ausblick erwartet Sie! Nur ein kurzes Stück weiter auf dem Weg – nun etwa wieder auf Höhe des Leuchtturms – finden Sie eine Aussichtsplattform mit Blick auf einen Vogelfelsen (km 7).

Gleich drei Leuchttürme schmücken das Cap Fréhel. Der 1. Leuchtturm steht ganz vorne an der Landspitze. Er wurde 1702 in Betrieb genommen und sollte hauptsächlich vor Angriffen der englischen Flotte warnen. Sein Leuchtfeuer bestand in der Tat bis 1774 noch aus einem Holzfeuer. Danach wurde es durch Lampen ersetzt. Der 2. Leuchtturm, der Phare Vauban, entstand um 1840 und löste den alten Turm ab. Im 2. Weltkrieg wurde er von den Deutschen als Beobachtungsposten genutzt. Im Laufe des Krieges wurde er dann gesprengt, lediglich der Turm ist als Ruine übrig geblieben.

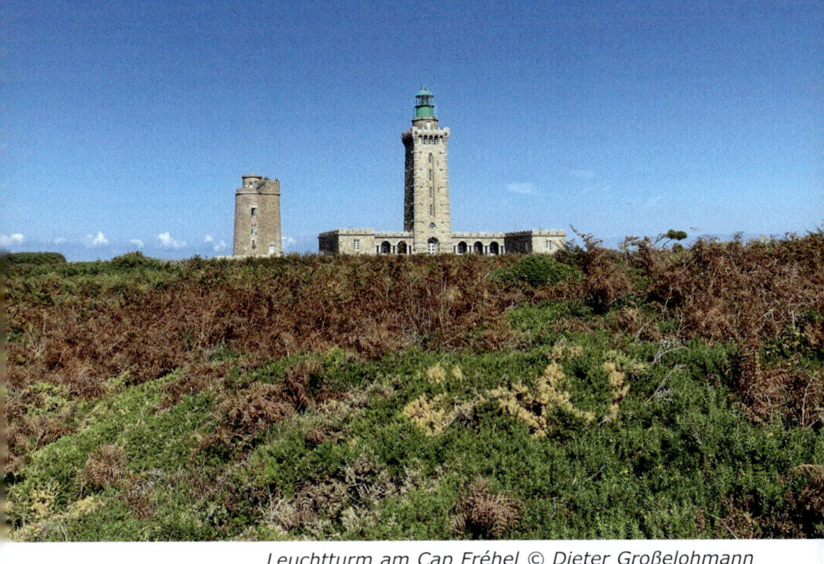

Leuchtturm am Cap Fréhel © Dieter Großelohmann

Der heutige Leuchtturm wurde 1950 eingeweiht. Er gehört zu den fünf stärksten Leuchttürmen in Frankreich. Sein Leuchtfeuer reicht weiter als 53 km.

Weiter auf dem GR 34 erwartet Sie ein anspruchsvolles Wegstück über schräg geschichteten Fels, der Ihre Trittsicherheit und Konzentration verlangt. Das Fort La Latte auf der nächsten Landspitze scheint dabei immer wieder durch den Uferwald, der Sie nun umgibt. Ein Steg leitet Sie 30 m über Sumpf, bevor Sie eine längere Treppe emporsteigen (km 9,9). Der Uferwald wird von dichten Hecken abgelöst und Sie gelangen schließlich zum Eingang des Fort La Latte ❺ (km 11,2).

Château de La Roche Goyon – Fort La Latte, 22240 Plévenon, 06 70/81 35 43, lefortlalatte.com, 1. April-11. Nov Sa und So sowie alle Ferientage 11:00-17:00, 12. Nov-31. März Sa und So sowie alle Ferientage 13:00-17:00, € 7,20, Kinder ab 6 Jahren € 4,80, Ritterspiele für Kinder und Burgbesichtigung, großes Außengelände, Haustiere an der Leine im Schloss und Park erlaubt

Gehen Sie am Zaun der Festung entlang, bis Sie wieder auf das nächste Wanderzeichen treffen. Noch einmal hält der Uferweg eine kleine Schwierigkeit bereit:

Bei km 12 überwinden Sie eine steilere Steinstufe. Dann, nach etwa 10 m, werden Sie mit schönem Uferwald belohnt. Eine Reisigpalisade längs des Weges (km 12,6) ist das Signal, dass Sie nun den GR 34 verlassen und am Ende des Zaunes nach rechts auf den Wiesenweg wechseln. Bis zum Ende leitet Sie jetzt wieder die gelbe Markierung.

Sie passieren eine Wegschranke, dahinter einen Wendehammer und laufen durch das Dorf La Ville Galopin. Sobald Sie bei km 13,1 die T-Kreuzung erreicht haben, finden Sie nach rechts wieder zuverlässig die gelbe Markierung. Diese führt Sie am Fahrbahnrand bis zur nächsten Einmündung nach links auf eine ruhige Dorfstraße.

Wenn Sie an der Einmündung ca. 50 m geradeaus weitergehen, erreichen Sie eine Crêperie.

Crêperie Le Petit Galet, 22 La Latte, 22240 Plévenon, 02 96/ 41 58 07, facebook.com/creperielepetitgalet, 4. Feb-6. Nov Mo-Fr und So 12:00-15:00 und 19:15-21:00, Sa 19:15-21:00, Crêpes und Galettes, auch Vegetarisches. Es empfiehlt sich, vorher zu reservieren.

Sie gehen an einer Käserei ❻ (km 13,7) vorbei, dann geht die Straße in einen Wirtschaftsweg über.

Chèvrerie du Cap, La Ville Norieux, 22240 Plévenon, 02 96/41 52 14, chevrerie-du-cap.com, tägl. 16:00-19:00

Immer wieder bergauf und bergab, teils durch Wald, teils durch Heide gelangen Sie nach La Ville Meunier. Dort auf dem Dorfplatz finden Sie eine Sitzbank (km 14,5).

Zwischen Wiesen und Feldern gelangen Sie nach Kérivet ❼ (km 15,2) und weiter auf dem Weg zu den Ausläufern von Plévenon. Gegenüber dem ersten Haus zweigt nach rechts der Wanderweg ab (km 16,3).

Die Markierung ist zwar vorhanden, kann jedoch leicht übersehen werden.

Auf diesem Weg gelangen Sie am Dorfrand entlang zum Ausgangspunkt der Wanderung.

3 Cap d'Erquy

Tour für Fans von historischer Industriekultur

Auf dieser Wanderung können Sie die ehemaligen Steinbrüche von Erquy erforschen und die außerordentlich schöne Küstenlandschaft der Côtes d'Armor genießen. Außerdem könnte auch jederzeit Obelix um die Ecke schauen …

Start/Ziel: Parkplatz Rue de la Côte des Pâques in Erquy, GPS N 48°38.500' W 002°27.850'

8,1 km

3 Std.

244 m/244 m

11-60 m

gelbe Markierung, auf dem GR 34 entlang der Küste weiß-rot, ab dem Parkplatz Plage du Guen (km 7,2) wieder gelbe Markierung

breite Schotterwege, schmale z. T. felsige Wanderwege, vereinzelt Holzstege und Treppen

Crêperie Moulerie Au Jardin und Crêperie du Pêcheur in direkter Nähe des Parkplatzes am Start/Ziel, Cafés und Lokale 600 m vom Weg entfernt in Erquy (km 1,5)

am Parkplatz Pointe du Cap d'Erquy (km 2,9), bei km 5,1

In Erquy gibt es zahlreiche Geschäfte (ca. 2 km vom Parkplatz entfernt).

WC am Parkplatz am Start/Ziel

Am Plage de Lourtuais (km 4,8) befindet sich ein Badestrand.

Die Tour wird Kindern keine besonderen Schwierigkeiten bereiten. Für diese ist es sicher eine empfehlenswerte Wanderung, denn es gibt viel Spannendes über den Bergbau zu entdecken. Der Weg selbst ist kurzweilig und überdies gibt es mehrere Möglichkeiten, den Strand zu erreichen. Vergessen Sie also auch die Badekleidung nicht.

Vom Start aus ist der Weg auf den ersten 1,4 km auch mit einem Kinderwagen zu bewältigen, danach kehren Sie auf dem gleichen Weg zum Parkplatz zurück.

Es gibt unterwegs wenig Möglichkeiten für Ihren Hund, zu trinken oder sich zu erfrischen. Außerdem ist der Uferpfad oft felsig und unwegsam. Einige Treppen machen den Weg zudem für Hundepfoten unbequem.

P am Start/Ziel, Parkplatz bei km 0,6, Parkplatz Pointe du Cap d'Erquy (km 2,9) und bei km 7,2

Mit der Linie 2 (St. Brieuc – Plévenon) fahren Sie nach Erquy, Haltestelle „Église", mehrmals täglich. Von der Haltestelle laufen Sie auf der Rue Clemenceau in Richtung Strand, biegen nach rechts in die Rue de la Saline ab und gehen bis zum Boulevard de la Mer, hier nach rechts bis zum Port de Pêche und zur Capitainerie. Von hier aus sehen Sie schon die Treppenanlage, die rechts hinauf zum Wanderweg (bei km 1,6) führt (1,6 km von der Haltestelle entfernt).

Vom **P** Parkplatz aus starten Sie auf der Rue de la Côte des Pâques in Richtung Meer und biegen nach wenigen Schritten links in die Rue de Plaine Garenne ein. Folgen Sie ab jetzt der gelben Markierung vorbei an Wohnhäusern und Ausflugslokalen.

✕ Crêperie Moulerie Au Jardin, 41 Rue de Plaine Garenne, 22430 Erquy, ☏ 02 96/71 56 12, ganzjährig Di-So 11:00-20:00, Meeresfrüchte, Crêpes und Eis

♦ Crêperie du Pêcheur, 31 Rue de Plaine Garenne, 22430 Erquy, 06 30/36 36 30, lacreperiedupecheur.fr, creperquy@gmail.com, ganzjährig Mo-Mi 12:00-14:00, Sa 12:00-21:00 und So 12:00-20:00, Crêpes, Galettes, Omelettes und Eis

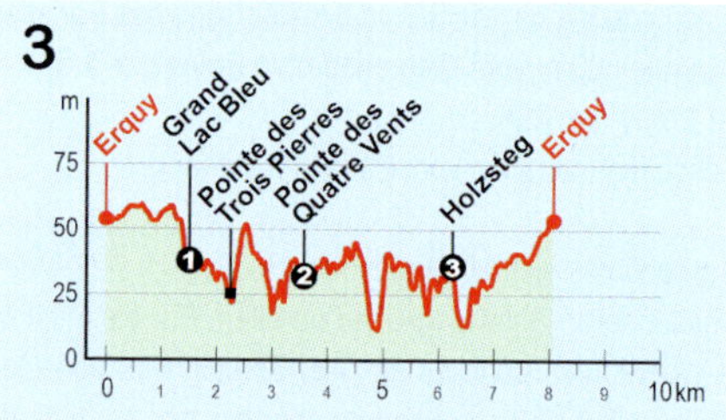

Schon nach 60 m weist der Markierungspfeil Nr. 2 auf einen Schotterweg neben der Straße. Ab jetzt sind die gelben Markierungen zuverlässig angebracht. Der Ort liegt hinter Ihnen, bald biegt der Weg nach links ab, ist breit und eben, schließlich holpriger. Zypressen, Ginster und Heide begleiten Sie bis zu einer Hausruine (km 1,2). Wenige Schritte weiter endet der Wanderweg mit einem Holztor an einer Fahrbahn, die Sie überqueren. Ein Stück leitet die Markierung längs der Fahrbahn nach links, dann gelangen Sie zu einer Kreuzung und einer weiteren Holzschranke sowie einer Übersichtstafel. Ab hier ist die weiß-rote Markierung des GR 34 Ihr weiteres Zeichen, hinter der Schranke finden Sie dies in kurzen Abständen. Noch 100 m, dann haben Sie eine wundervolle Aussicht auf das Meer und die Bucht von Erquy (km 1,4).

Mit einem Kinderwagen kommen Sie bis hierher. Danach ist der Weg nicht mehr für Sie zu empfehlen, kehren Sie also auf gleichem Wege um.

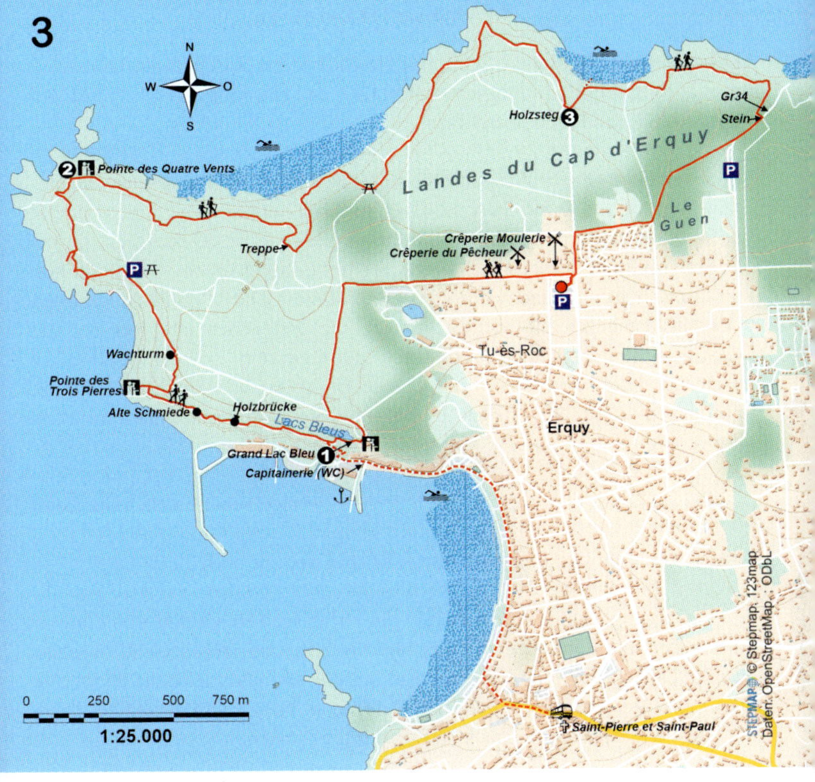

Die Wanderung wird nun anspruchsvoller. Nach ein paar Steinstufen gelangen Sie zum Grand Lac Bleu ❶ (km 1,5) und laufen 300 m über einen Steg.

☺ Ab jetzt finden Sie immer wieder Hinweistafeln (auf französisch), die vom Abbau des Sandsteins berichten.

⇘ ✕ Am Ende des Stegs finden Sie nach links einen steilen Pfad, auf dem Sie die 600 m zu den Hafencafés von Erquy absteigen können.

Nun führt Sie die Markierung auf dem Wanderpfad, der sich zwischen dem Klippenrand zur Bucht hin und dem ehemaligen Tagebaugelände schlängelt.

Dabei passieren Sie weitere Seen, eine Holzbrücke mit Blick in einen Talkessel, in dem auch Sportklettern möglich ist (km 1,9), und einen Aussichtspunkt, von dem aus Sie den Hafen überblicken.

Asterix und Obelix. Wer kennt sie nicht, die beiden Helden aus dem unbeugsamen gallischen Dorf? Aber ist das Dorf hier anzusiedeln? Albert Uderzo bemerkte in einem Interview, er hätte bei der Auswahl des Dorfes nicht speziell an Erquy gedacht, hätte sich aber stark von der Côtes d'Armor – wie dieser Küstenabschnitt hier genannt wird – inspirieren lassen. Darauf deuten auch einige Übereinstimmungen hin: der Steinbruch, die drei Felsen im Meer und die Geschichte des Dorfes. Im Band „Obelix auf Kreuzfahrt" soll der Zeichner das ehemalige Fischerdorf Tu-es-Roc – heute ein Vorort von Erquy – als Vorbild genommen haben. Nun, vielleicht vernehmen Sie ja Troubadix liebliche Harfenklänge?

Bei km 2 passieren Sie eine alte Schmiede, wenige Schritte weiter eine Lore.

Könnt Ihr den Amboss entdecken? Und wer war noch gleich Lore?

Die blauen Seen sind Überbleibsel des ehemaligen Steinbruchs von Erquy, in denen der rote Sandstein, der von hier bis zum Cap Fréhel reicht, abgebaut wurde. Ein Lehrpfad führt Sie durch das Gelände und gibt zahlreiche Informationen preis. Der Kanonenofen von 1794 diente im Krieg zum Erhitzen der Kanonenkugeln, die feindliche Schiffe in Brand setzen sollten.

Nach 200 m erreichen Sie einen weiteren Aussichtspunkt, die Pointe des Trois Pierres. Dann geht es an der Gabelung rechts bergauf über Steinstufen. Sobald Sie den alten Gefechtsstand erreicht haben, empfängt Sie ein steiler, schwieriger Weg, auf dem Sie an einen Wachturm gelangen (km 2,5).

Sie passieren einen Parkplatz mit Sitzgelegenheiten (km 2,9) und sehen 60 m vor sich eine Weggabelung. Während der GR 34 nach rechts ausgeschildert ist, entscheiden Sie sich hier für den linken Abzweig und bleiben damit in Küstennähe. Bald scheren Sie jedoch automatisch wieder auf den markierten Weg ein. An der äußersten Landspitze gelangen Sie bei km 3,5 zum Aussichtspunkt Pointe des Quatre Vents ❷. Von hier aus erblicken Sie schon die lang gezogene Bucht mit dem Sandstrand. Über einen schmalen Fußweg, eine längere Treppe und schließlich auf Holzstegen durch Farnkraut gelangen Sie dorthin.

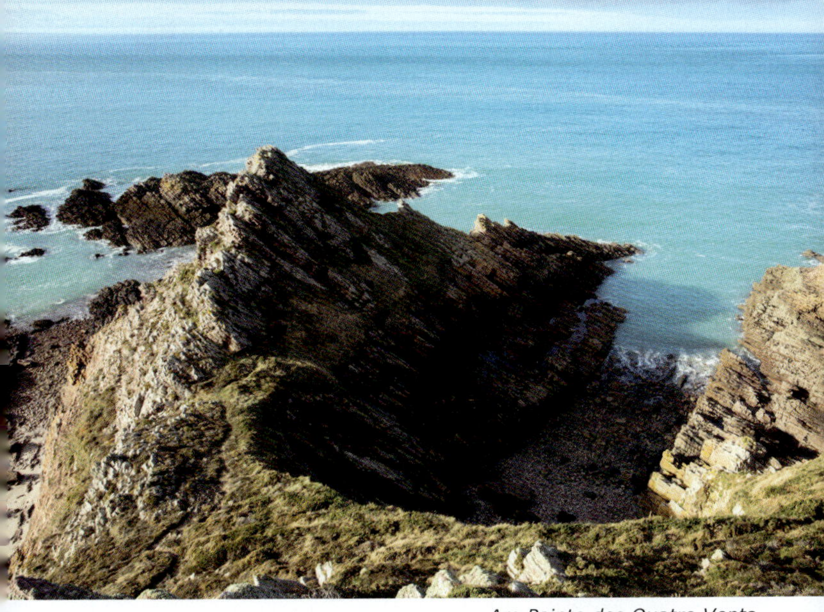

Am Pointe des Quatre Vents

↳ ☺ Vom Wanderweg aus gibt es mehrere ausgeschilderte Zugänge zum Strand. Hier können Sie baden.

Schon gewinnen Sie wieder an Höhe, eine 100 m lange Treppe leitet Sie auf den Klippenkopf. Auf den Treppenstufen sind Haikus von Schulkindern verewigt. Am Ende der Treppe (km 5,1) bietet Ihnen eine Steinbank Gelegenheit für eine Pause.

Dann durchwandern Sie einen Pinienwald und haben einen guten Blick auf den nächsten Sandstrand.

Am Wendehammer, in den der Weg mündet, fehlt die weiß-rote Markierung. Wenden Sie sich nach links. Schon nach 10 m beginnt ein Holzsteg ❸ (km 6,3), der als Treppe schließlich zum Strand hinunterführt. Hier ist auch der Weg wieder gut beschildert.

☺ Auch hier können Sie baden oder ein Picknick am Strand machen.

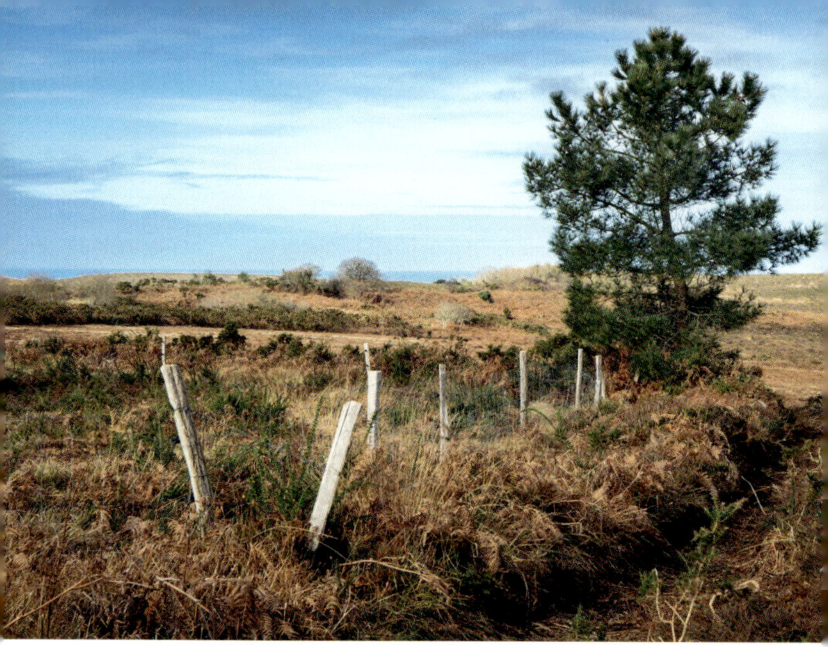

Heidelandschaft

Der Wanderweg bleibt weiter abwechslungsreich. Eine weitere Treppe führt Sie zu einem Kiefernwäldchen, dann gelangen Sie bei km 7 an eine Gabelung. Der GR 34 läuft weiter geradeaus, nach rechts ist auf einem 🖐 unscheinbaren Stein Le Guen und der Parkplatz ausgeschildert. Verlassen Sie hier den GR 34 nach rechts.

Zuerst durch Heide, dann durch einen kleinen Wald erreichen Sie den Parkplatz. Sie gelangen an eine geteerte Straße. Sobald Sie nur noch etwa 20 m vom Parkplatz entfernt sind, biegt Ihr Weg nach rechts auf einen breiten Waldweg ab. Nun ist erneut die gelbe Markierung vorhanden, bis Sie wieder zum Ausgangspunkt kommen. Vorbei am Zaun des Campingplatzes erreichen Sie das Dorf. Dann haben Sie auch schon das Ziel erreicht.

4 Sillon de Talbert

Tour für Liebhaberinnen und Liebhaber von Wattenmeer und Sumpflandschaft

Wie die Zunge eines Chamäleons streckt sich der Sillon de Talbert ins Wattenmeer hinein. Diese Wanderung führt Sie zu dieser landschaftlichen Kuriosität. Auf dem Weg dorthin werden Sie bei Ebbe die Austernernte beobachten können und wandern an einer einmaligen Watt- und Sumpflandschaft vorbei.

Start/Ziel: Parkplatz neben der Kirche von L'Armor Pleubian, GPS N 48°51.600' W 003°06.200'

9,7 km

3 Std.

70 m/70 m

1-38 m

gelbe Markierung, weiß-rot (GR 34) entlang der Küste

Es gibt breite Wanderwege, iel, eine Bar-Tabac ca. 200 m vom Start/Ziel entfernt auf der Rue de Laneros, Restaurant Bigouden Blues (km 7,6)

bei km 2,9 und zahlreiche Bänke entlang des Küstenweges

Boulangerie Pâtisserie de L'Armor am Start/Ziel

WC am Start/Ziel, am Maison du Sillon (km 7,3) und am Jardin de la Mer (km 8,9)

Die Wanderung ist für Kinder gut geeignet. Die Tour bietet viel Abwechslung und eignet sich hervorragend als Familienausflug.

Mit einem Kinderwagen kommen Sie auf dieser Strecke nicht weit. Daher ist die Tour hierfür nicht geeignet.

Hunde haben vermutlich keine Schwierigkeiten auf der Wanderung. Allerdings sollten Sie genügend Trinkwasser für Ihr Tier mitnehmen.

P am Start/Ziel, bei km 3,6 und km 8,9

Mit der Linie 25 (Paimpol – Lezardrieux) fahren Sie nach L'Armor Pleubian, Haltestelle „L'Armor", im Sommer mehrmals täglich. Von der Haltestelle sind es ca. 200 m zum Start der Wanderung.

Am Uferweg gibt es viele interessante Infotafeln (französisch, englisch) rund um das Thema Algen und über den Sillon de Talbert. Das Maison du Sillon (km 7,3) ist während der französischen Ferien geöffnet.

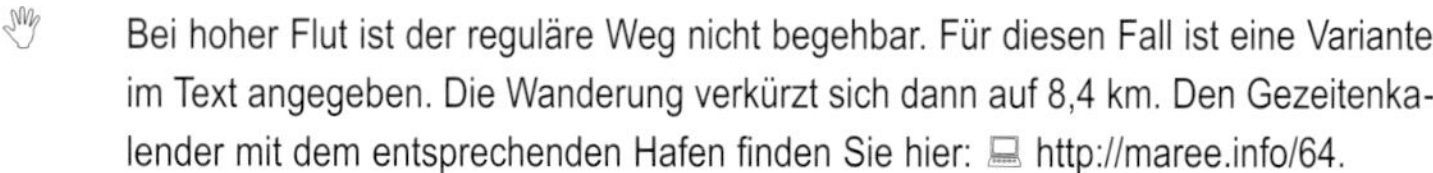
Bei hoher Flut ist der reguläre Weg nicht begehbar. Für diesen Fall ist eine Variante im Text angegeben. Die Wanderung verkürzt sich dann auf 8,4 km. Den Gezeitenkalender mit dem entsprechenden Hafen finden Sie hier: http://maree.info/64.

Auf der Rue de Laneros vor der Kirche wenden Sie sich zunächst nach links und gehen vorbei am Restaurant Avel Zo und der Bäckerei bis zur nächsten Straßenecke, an der sich die Bar le Talbert befindet.

Avel Zo, 64 Rue de la Presqu'île, 22610 L'Armor Pleubian, 02 56/42 50 33, facebook.com/AVEL-ZO-Pleubian-344594625598568/, zur Ferienzeit Mi-Mo 10:00-13:30 und 17:30-21:00, sonst Mi-Mo 12:00-14:00 und 19:00-22:00, bretonische Küche und Pizzen

Boulangerie Pâtisserie de L'Armor, 55 Rue de la Presqu'île, 22610 L'Armor Pleubian, 02 96/22 93 54, Do-Sa und Mo-Di 6:45-12:30 und 16:00-19:00, So 6:45-12:30, Brot und Kuchen, warme Getränke

Bar le Talbert, Rue du calvaire, 22610 L'Armor Pleubian, 02 96/22 93 80, tägl. 7:00-19.30

Hier laufen Sie nach links in die Rue de Prat Ouern und finden im weiteren Verlauf die gelbe Markierung „Circuit du Sillon de Talbert", die Sie nun leiten wird. Die Wanderung führt aus dem Ort heraus und über einen Feldweg.

Sie erreichen den Weiler Crec'h Castel (km 0,9), die Markierung leitet Sie an der Landstraße zunächst nach rechts, dann nach wenigen Schritten nach links in die Sackgasse. Dort passieren Sie das erste Haus und biegen sogleich in den ersten Abzweig nach links ab.

Hier fehlt eine Wegmarkierung.

Schon bald verläuft Ihre Wanderung geradeaus auf einem weiteren Feldweg und der Weg ist nun wieder sicher zu finden. Zwischen Erdwällen und Artischockenfeldern können Sie hier bereits das Meer erahnen.

Schließlich macht der Weg einen Knick nach links und endet an einer T-Kreuzung.

Achtung, auch hier (km 1,3) fehlt die Wegmarkierung! Biegen Sie nach links ab.

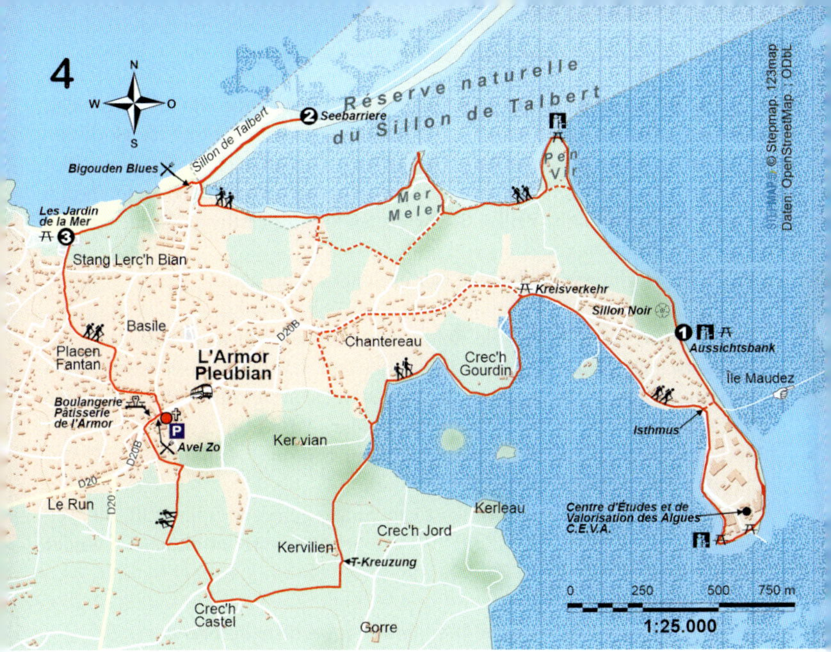

Schon nach weiteren 500 m finden Sie wieder die gelbe Markierung und verlassen die ruhige Straße nach rechts auf einen Feldweg. Die Meeresbucht liegt nun direkt vor Ihnen und Sie umrunden diese jetzt im Uhrzeigersinn, von nun an geleitet von dem weiß-roten Wegzeichen des GR 34.

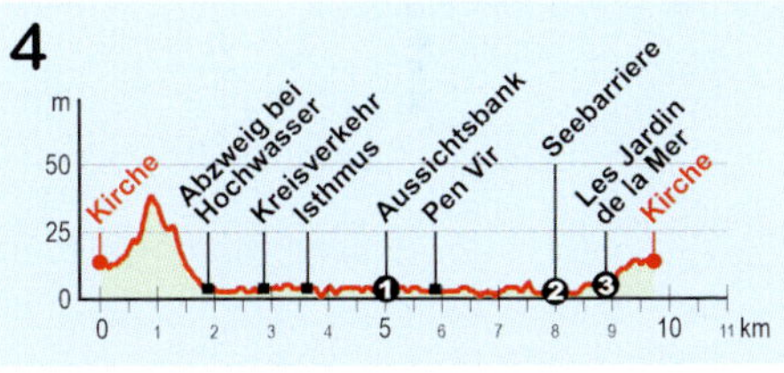

Variante bei Hochwasser: Es wird für 50 m sehr matschig, sobald Sie das Ufer erreichen. Folgen Sie dem Weg noch 80 m bis zum Schild „Sillon de Talbert“ und biegen Sie dort nach links in die Rue des Goélettes ab. Gleich den nächsten Abzweig gehen Sie nach rechts in die Rue de Lézandini und dann noch mal nach rechts. Die Rue de Laneros führt Sie durch den Ort bis zum Kreisverkehr, an dem Sie wieder auf den regulären Wanderweg treffen.

Sind Sie auf dem regulären Weg unterwegs, dann ist die Orientierung leicht, die weiß-roten Zeichen leiten Sie. Am Kreisverkehr (km 2,9) trifft die Hochwasservariante wieder auf Ihren Weg. Hier können Sie auf einer Bank eine Rast einlegen. Schautafeln erklären Ihnen ab jetzt längs des Weges die Besonderheiten dieses Küstenabschnitts. Bei km 3,6 erreichen Sie einen Isthmus (Landenge).

Bei Hochwasser sollten Sie hier nach links abbiegen.

Bei niedriger See folgen Sie weiter dem Uferweg und umrunden dabei das Algenforschungszentrum. An der Landspitze (km 4,1) befinden sich zwei schön gelegene Aussichtsbänke, danach finden Sie ausreichend Bänke in kurzen Abständen, solange Sie am Meer entlanglaufen. Vorbei an der Mole (km 4,2) führt der Uferweg zum Kiesstrand und dann bei km 4,4 in einem Schlenker zurück auf die Uferböschung.

Bei einer Steinbank (km 4,8) führt eine Straße geradewegs ins Watt. Ihr Weg bleibt jedoch weiterhin der GR 34. Wenige Schritte weiter erreichen Sie wieder den Isthmus.

Blick über das Wattenmeer auf den Phare des Heaux de Bréhat

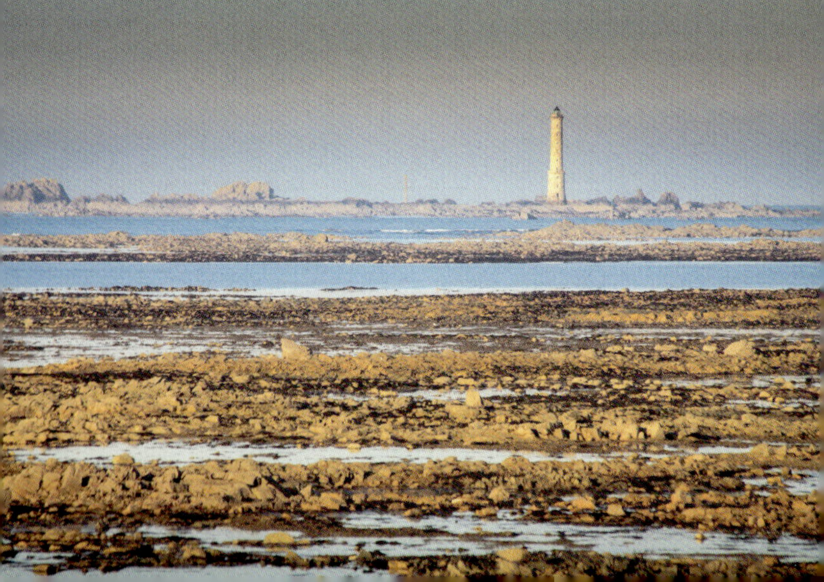

Die Variante bei Hochwasser verläuft nun wieder auf dem normalen Weg. Entlang der Uferstraße passieren Sie zunächst ein paar Häuser, dann macht die Straße einen Linksknick. Hier finden Sie einen Durchgang zum Strand, auf den Sie bei niedrigem Wasser wechseln können und eine Aussichtsbank ❶ (km 5,1) mit Blick auf den Sillon Noir.

Sie wandern nun in einem weiten Bogen in Richtung des Landvorsprungs Pen Vir. Etwa 300 m bevor Sie die äußerste Spitze erreichen, kommen Sie an einem Sackgassenschild vorbei.

Bei Hochwasser biegen Sie hier links ab. Auf einem Fußweg erreichen Sie nach etwa 100 m wieder den Küstenweg, dem Sie folgen.

Der reguläre Weg führt Sie um Pen Vir herum, an der Landspitze (km 5,9) können Sie auf einer Bank die Aussicht auf das Réserve Naturelle du Sillon de Talbert genießen.

Der Sillon de Talbert ist eine Landzunge, die hauptsächlich aus Sand und Kieselsteinen besteht. Sie ist ca. 3,2 km lang und etwa 35 m breit. Den Schätzungen nach beträgt die Anzahl der Kieselsteine ca. 1,2 Mio. Stück. Sie liegt auf einer hier noch felsigen Küstenplattform. Entstanden ist diese landschaftliche Besonderheit durch den gegensätzlichen Strömungsverlauf der beiden Flüsse Trieux und Jaudy. Das ganze Areal ist heute ein 206 ha großes Naturschutzgebiet und ist Rückzugsgebiet für zahlreiche Seevögel wie Kormorane, Steinwälzer und Zwergseeschwalben.

Natürlich ranken sich auch um den Sillon de Talbert einige Legenden, in denen auch Merlin seine Hände im Spiel hat. Um zur Fee Viviane zu gelangen, schüttete er die Millionen von Kieselsteinen auf.

Ab km 6,1 verläuft die Hochwasservariante wieder auf dem regulären Weg. Zuerst auf dem Uferdamm, dann hinter Hecken läuft der Weg bis zu einer Straße.

Bei Hochwasser empfiehl es sich, hier nach links der Straße zu folgen. Nach ca. 200 m zweigt nach rechts vor den ersten Häusern ein Fußweg ab. Nehmen Sie diesen, bis Sie die Rue Run Traou erreichen. Hier nach rechts und bei nächster Gelegenheit nach links, finden Sie auf den Uferweg zurück.

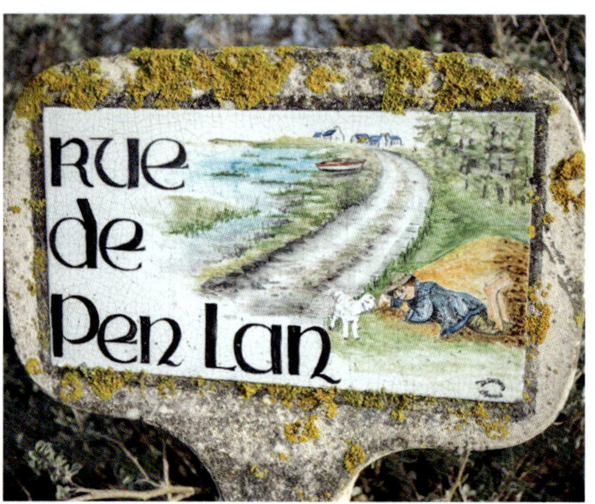

Fantasievolle Straßenschilder

Bei Niedrigwasser führt Sie die Markierung zu einem weiteren Landzipfel, dem Mer Melen (km 6,7). Entlang der Ufermauer gelangen Sie zum breiten Uferweg, wo auch die Variante wieder auf Ihren Weg trifft. Sie erreichen L'Armor Pleubian, passieren das Maison du Sillon und einige Lokale und finden schließlich den Zugang zum Sillon de Talbert.

⌘ Maison du Sillon, Informationszentrum für Natur und Umwelt mit wechselnden Ausstellungen, während der Ferien geöffnet, WC

✕ Restaurant Bigouden Blues, 57 Rue du Sillon de Talbert, 22610 L'Armor Pleubian, ☏ 02 96/22 94 97, bigouden.blues.free.fr, bretonische Küche

Laufen Sie ein Stück auf der Landzunge, bis Sie nach 400 m eine deutliche Seebarriere ❷ (km 8) erreichen. Hier hat sich die Île Blanche vom Sillon de Talbert getrennt. Kehren Sie nun um und nehmen Sie erneut den Uferweg, bis Sie bei km 8,9 den Park Les Jardin de la Mer ❸ erreichen.

Ein schöner Spielplatz lädt besonders Familien zu einer Pause ein. Zudem finden Sie hier eine öffentliche Toilette.

Den Rückweg treten Sie nun auf der Rue de Pors Rand an. Diese biegt vor dem Park nach links ins Dorf ab. Die gelbe Markierung ist ab nun wieder vorhanden, jedoch manchmal schwer zu entdecken. Nach 300 m zweigt nach links die Rue des Chardonnerets ab. Am nächsten Abzweig nach rechts, dann die nächste Straße links und gleich wieder nach rechts, gelangen Sie zurück zur Kirche und damit zu Ihrem Ausgangspunkt.

5 Gouffre de Castel Meur

Tour für Liebhaberinnen und Liebhaber von Felsenlandschaften und Schiffsfriedhöfen

Ein Höhepunkt der Granit Rose sind sicherlich die Felsabstürze des Gouffre de Castel Meur. Diese bizarren Felsformationen, das berühmte Haus zwischen den Felsen, eine Kirche mit schiefem Turm und nicht zuletzt ein spannender Schiffsfriedhof zeichnen diese lohnende Tour aus.

Start/Ziel: Parkplatz am Camping Municipal de Beg Ar Vilin, Plougrescant, GPS N 48°50.910‘ W 003°12.615‘

12,7 km

3 Std. 30 Min.

163 m/163 m

1-57 m

auf dem Küstenweg weiß-rot, sonst unmarkiert

befestigte Wanderwege, z. T. schmal und felsig, im Landesinneren auch ruhige Nebenstraßen

Bäckerei und Café Fournil de Plougrescant (km 3,3)

auf dem Küstenabschnitt bei km 0,2, km 1,7, km 6,6, km 10,4, km 11,3 und bei km 12,2

WC im Touristenbüro (km 3,3), im Maison du Littoral (km 8,5)

Auch diese Tour ist für Kinder gut machbar. Ein Highlight ist bestimmt der kleine Schiffsfriedhof, auf dem die alten Fischkutter langsam verrotten. Da gibt es viel zu entdecken.

nicht geeignet für Kinderwagen

Für Hunde ganz gut geeignet, wenn auch einige Wegabschnitte recht holprig sind. Ausreichend Wasser mitnehmen!

P am Start/Ziel, in Plougrescant (km 3,3) und am Maison du Littoral (km 8,5)

keine Busverbindung vorhanden

Sie beginnen die heutige Wanderung auf dem P Parkplatz zwischen dem Campingplatz und dem Austernzuchtbetrieb. Wenn Sie Glück haben, können Sie im Vorbeigehen ein paar frische Austern erwerben. Gehen Sie vom Parkplatz aus südwärts, das Meer zu Ihrer Linken.

Der Küstenweg ist mit GR 34 sicher markiert. Sie passieren einen Schiffsfriedhof (km 0,2) und finden wenige Schritte später eine ⩰ Picknickbank.

An vielen Stellen in der Bretagne können Sie Schiffsfriedhöfe finden. Hier wurden zumeist ausgediente Fischkutter u. Ä. dem Verfall preisgegeben. Nachdem Öl und Diesel aus den Wracks entfernt wurden, ließ man die Schiffe einfach am Strand liegen und überließ sie dem Zahn der Zeit. Die bekannteren unter ihnen sind die von Camaret-sur-Mer (☞ Tour 13), Quelmer bei St. Malo und Magouer. Ein Besuch dieser skurrilen Orte lohnt sich auf jeden Fall.

Der Weg verläuft abwechslungsreich über eine Treppe hinunter zum Strand und dort entlang, bis Sie erneut über eine Treppe auf einen schmalen und schwierigen Pfad gelangen. Der Uferwald lässt immer wieder schöne Ausblicke auf die schmaler werdende Bucht zu. Nach einer ≈ Furt, gelangen Sie zu einer Pferdekoppel (km 1,6).

✋ Neben dem Weg fällt nun die Böschung für etwa 500 m sehr steil ab. Achten Sie daher besonders auf mitwandernde Hunde. Jüngere Kinder werden hier Hilfe benötigen.

Sobald die Gefahrenstelle hinter Ihnen liegt, können Sie bei km 1,7 auf einer der ⩰ Bänke rasten. Weiter verläuft der Weg durch einen schmalen Durchgang in einer Mauer, dann entlang eines Bretterzauns und schließlich vier Stufen hinab. Hier erreichen Sie an einem Drängeltor ❶ die Straße und das Ende der Bucht (km 2). Verlassen Sie hier den Uferweg und biegen Sie nach rechts ab. Nun, ohne Markierung, verläuft Ihr Weg bergauf entlang der Straße, bis Sie das Zentrum von Plougrescant erreicht haben. Dabei passieren Sie bei km 2,5 ein schlichtes Steinkreuz.

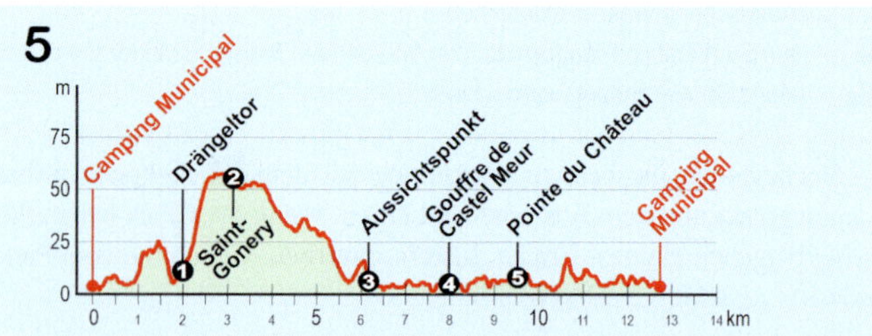

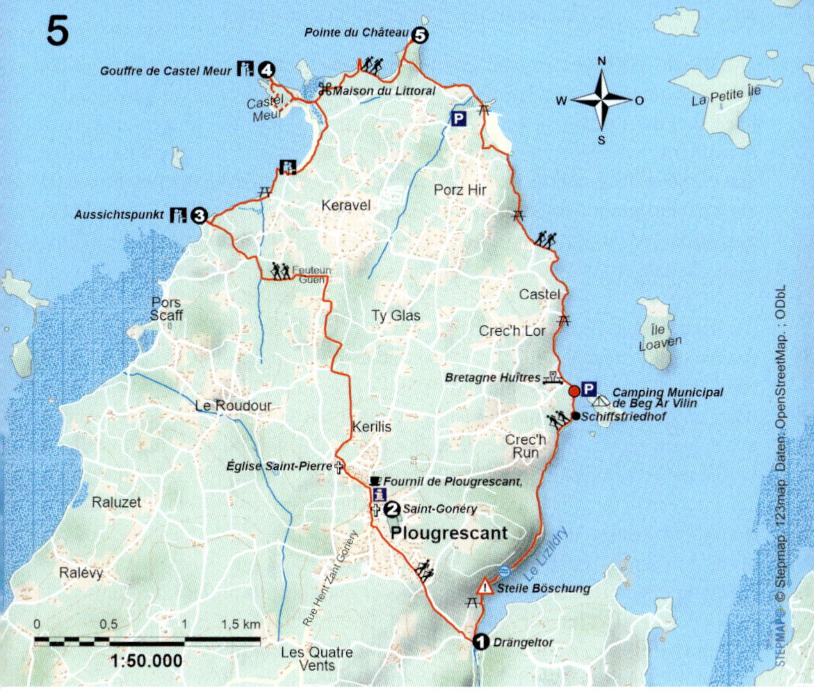

An der Rue Hent Zant Gonery angekommen sehen Sie rechts schon die auffällige ✝ Kirche. Vorbei an verschiedenen Geschäften erreichen Sie diese bei km 3,2 ❷. Weiter entlang der Rue Hent Zant Gonery passieren Sie eine Apotheke, das Rathaus und das ℹ Touristenbüro.

ℹ Touristenbüro Plougrescant, 42 Hent Sant Gonéry, 22820 Plougrescant, ☏ 02 96/05 60 70, 💻 www.bretagne-cotedegranitrose.com, 🚪 3. April-Sep Mo-Sa 9:30-12:30 und 14:00-18:00, So 10:00-13:00. Hier gibt es auch ein WC.

Am Kreisverkehr haben Sie schließlich die Möglichkeit, Kaffee und Kuchen zu sich zu nehmen.

☕ Fournil de Plougrescant, 3 Rue Garden Post, 22820 Plougrescant, ☏ 02 96/92 51 09, 🚪 Mo-Sa 7:00-19:30, Bäckerei und Café

Obwohl oder gerade weil das Leben vielfach karg war, kannten die alten Bretonen auch das süße kulinarische Leben. Traditionelle Vertreter dieser Leckereien sind der Far Breton mit seinem puddingartigen Teig, der Kouign-amann aus Douarnenez, die Keksspezialität Palet breton, die man in der Bretagne zu fast jeder Tageszeit verspeist, dann die Gavottes, eine Art Crêpes und nicht zuletzt der Gâteau breton. In der Grundstruktur bestanden diese Süßigkeiten zumeist aus Zucker, Mehl, Butter und Eiern. Ursprünglich wurden sie für Matrosen gebacken, die länger auf See waren. Da waren Kalorien und Haltbarkeit gefragt.

Nach dem Kreisverkehr knickt die Hauptstraße leicht nach links und läuft auf die zweite Kirche des Ortes zu. Folgen Sie dem Verlauf bis dorthin. Die ✝ Église Saint-Pierre umrunden Sie ein kleines Stück gegen den Uhrzeigersinn und gehen dann an der Friedhofsmauer entlang. Wenden Sie sich am Ende der Friedhofsmauer nach rechts. Durch die Sackgasse Rue Kerilis verlassen Sie das Dorf.

Sie gehen geradeaus auf einem Feldweg und gelangen dann durch einen Linksknick zu einem Bauernhof. Sobald Sie diesen hinter sich lassen, biegt vor den ersten Wohnhäusern ein Feldweg nach rechts ab. Gehen Sie dort entlang und am nächsten Abzweig nach links.

Unter einem Baumgewölbe, dann wieder mit guter Sicht über die Landschaft folgen Sie der Treckerspur bis zur Straße. Diese führt Sie in einer Linkskurve an die Hauptstraße, der Sie nach rechts folgen. Gegenüber der Gîte mit der Hausnummer 22 biegen Sie links in die Straße Feunteun Guen ein. Die Straße schwingt schließlich nach links und geht dann in einen Feldweg über. Sie schauen dabei in ein geschwungenes Tal und Ihr Weg läuft nun bergab. Bald ist der Weg mit Gras bewachsen und zweigt bei km 5,6 erneut nach rechts ab.

Nach etwa 150 m gelangen Sie an eine ruhige Straße. Gehen Sie hier nach links und dann, nach 60 m, nach rechts. Sie laufen auf ein reetgedecktes Bauernhaus zu, links tauchen Felsen auf. Dann können Sie den ersten Blick aufs Meer werfen und erreichen schließlich bei km 6,1 den Uferweg. Bevor Sie die Wanderung nach rechts auf dem weiß-rot markierten Weg fortsetzen, finden Sie links einen Aussichtspunkt ❸ (km 6,2).

Der Uferpfad verläuft zwischen Sumpf und Meer, ist oft holprig, jedoch immer eindeutig zu finden. Bei km 6,7 finden Sie eine Bank und bei km 6,9 einen weiteren Aussichtspunkt. Sie passieren ein einzelnes Haus und gelangen zur Zufahrt zur Halbinsel Castel Meur. Gehen Sie bis zum Seeufer und dann nach links, dann können Sie die Halbinsel umrunden. Dabei haben Sie an der äußersten Landspitze ❹ einen beeindruckenden Blick auf den Felsen Gouffre de Castel Meur (km 8).

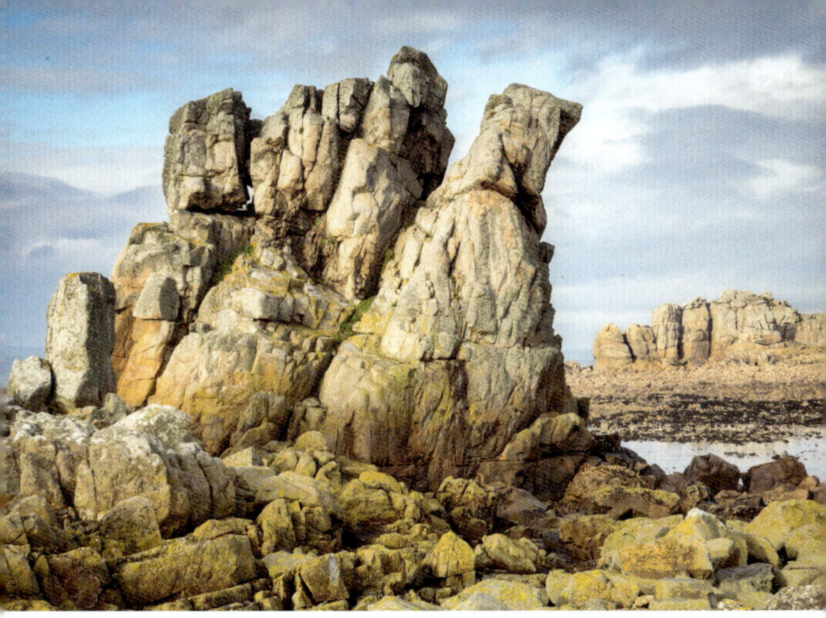

Küstenimpression

Ihre Runde trifft wieder auf das Seeufer, sicher ist Ihnen schon ⌘ 📷 das Haus auf dem anderen Ufer zwischen den beiden Felsblöcken aufgefallen. Vorbei am ⌘ Maison du Littoral zeigt die Küste nun ihre ganze Schönheit.

⌘ Maison du Littoral, 22820 Plougrescant, ☏ 02 96/92 58 35, 💻 www.plougrescant.fr/maison-du-littoral/, 🚪 April-Mai und Herbstferien Mo-Fr 14:00-17:00, Sommerferien tägl. 14:00-18:00, Juni und 3.-16. Sep Mo-Fr 14:00-18:00, WC

Nachdem Sie an einem Torpfosten und einem Baum mit niedrig hängenden Ästen vorbeigelaufen sind, geht es über Felsen in Richtung Pointe du Château. Dies ist der nördlichste Punkt Ihrer Wanderung und Sie erreichen ihn bei km 9,5 ❺.

Der Uferweg führt Sie zu ein paar Häusern und verläuft dann ein Stück auf der Uferstraße. Ab dem Parkplatz bei der Mole (km 10,4) finden Sie wieder in kleinem Abstand ⛼ Bänke. Bald verlassen Sie erneut die Straße und wandern immer in direkter Nähe zum Ufer, bis Sie bei km 12,7 den Zielpunkt erreichen.

6 Ploumanac'h – die Küste in Rosé

Tour für kulturell Interessierte und alle, die das Meer lieben

Die Nordküste der Bretagne ist spektakulär. Und nirgends ist sie so beeindruckend wie im Land der Granit Roz. Genießen Sie einen Tag am Meer, erleben Sie die Formenvielfalt aus rosa Granit und schauen Sie sich an, wie die Bildhauer der Gegend den Fels interpretieren.

Start/Ziel: Parkplatz neben der Hafenmole, Chemin de la Pointe, GPS N 48°49.785' W 003°29.440'

5,7 km

1 Std. 30 Min.

96 m/96 m

1-22 m

auf dem GR 34 entlang der Küste weiß-rot, sonst ohne Markierung

im Dorf asphaltiert oder auf Gehwegen, meist breite, gut befestigte Wege, einzelne Treppenwege und Klippenpfade

Hôtel des Rochers am Start/Ziel, Bistro du Port (km 5,6)

ausreichend Bänke auf der gesamten Strecke

WC bei km 0,2 und im Skulpturenpark (km 4,2)

Entlang der Klippenpfade benötigen jüngere Kinder vermutlich etwas Hilfe. Ab km 4,4 führt der Weg für 1,2 km am Straßenrand mit mäßigem Verkehr entlang. Der Weg ist insgesamt ein tolles Abenteuer für kleine und große Kinder. In der Ausstellung im Maison du Littoral gibt es einiges zu sehen. Immer wieder gibt es Möglichkeiten, am Strand oder auf dem Spielplatz zu toben. So sollte keine Langeweile aufkommen.

Die Tour ist für Hunde gut geeignet. Bitte nehmen Sie für Ihren Hund genug Trinkwasser mit!

für Kinderwagen ungeeignet

P direkt am Start/Ziel

Mit der Linie Macareaux (Tregastel – Louannec) fahren Sie nach Ploumanac'h, Haltestelle „Parking Saint-Guirec", mehrmals täglich. Über die Rue Saint-Guirec gehen Sie ca. 200 m durch den Ort zum Strand und zum Wanderweg (km 0,8).

Die Wanderung beginnt vor dem Hôtel des Rochers.

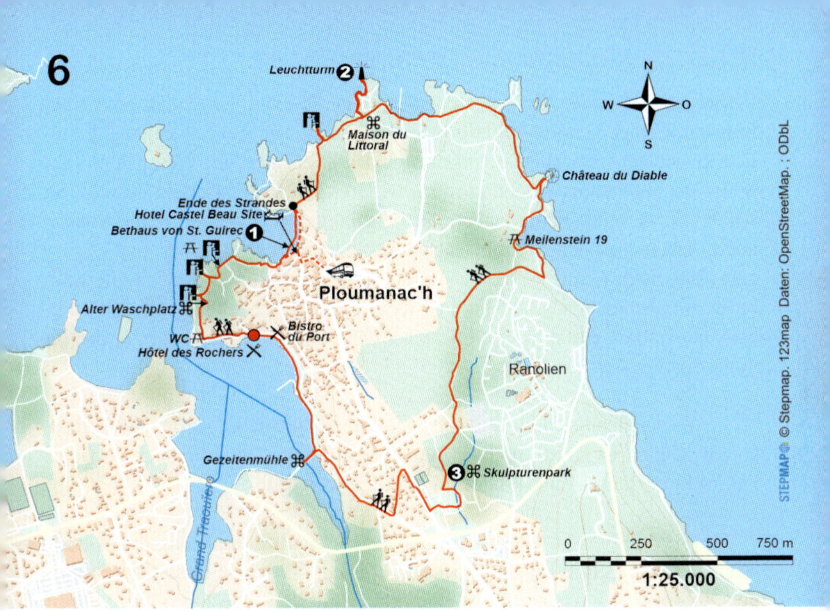

Hôtel des Rochers, 70 Chemin de la Pointe, 22700 Ploumanac'h, 02 96/91 67 54, hotel-desrochers-perros.com, ganzjährig Mo-So 12:00-15:00 und 18:30-20:00, Kaffee gibt es ohne Voranmeldung, für das Restaurant bitte unbedingt anmelden, Kinder willkommen, Hunde im Gastraum willkommen.

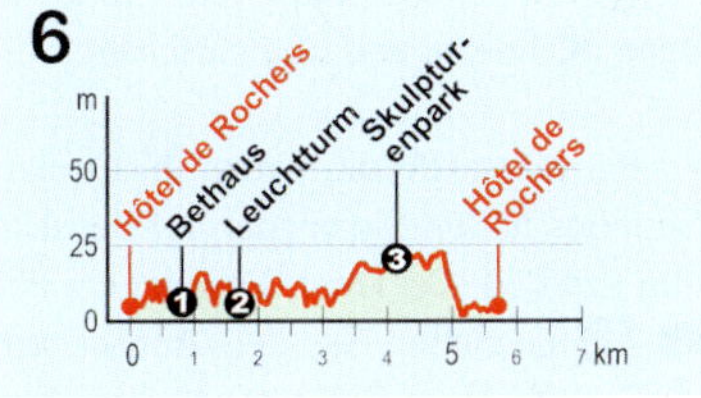

Mit Blick auf zwei Sackgassen wählen Sie die dem Hafen näher gelegene, die Sie zwischen Steinhäusern an das Ende der Bucht führt. Hier finden Sie eine schön gelegene Aussichtsbank und ein öffentliches WC.

Nach rechts empfängt Sie ein breiter Fußweg entlang einer Bruchsteinmauer. Die weiß-rote Markierung des GR 34 zeigt Ihnen an, dass Sie richtig sind. Dieses Wegzeichen führt Sie nun sehr zuverlässig. Nach 240 m umgehen Sie eine Wegschranke, ab hier ist der Weg nicht mehr geteert und wird schmaler. Gut befestigte Wege wechseln sich mit Treppen und Naturpfaden über die Klippen ab.

Bei km 0,3 finden Sie unter Bäumen einen ⌘ alten Waschplatz und einen Brunnen, wenige Schritte weiter und Sie können nach links zu einem Aussichtspunkt mit Blick auf die vorgelagerte Insel gelangen. Ihr Weg jedoch folgt weiter der weiß-roten Markierung. Ein weiterer Aussichtspunkt erwartet Sie schon 100 m weiter, dann wandern Sie bergauf, gehen bald eine Treppe hinunter und gelangen zu einem Aussichtspunkt mit mehreren Bänken und Zugang zum Strand. An diesem gehen Sie vorbei und erreichen einen Uferwald, bevor ein abenteuerlicher Weg durch die Felsen beginnt. Die Aussichtsbank bei km 0,7 gestattet einen Blick auf den Strand von Ploumanac'h, den Sie wenig später erreichen.

Es empfiehlt sich für Sie, über den Strand zu laufen, um dem ⌘ Bethaus von St. Guirec ❶ (km 0,8) einen Besuch abzustatten. Das ist jedoch bei hoher Flut nicht möglich. Wählen Sie dann die Uferpromenade.

Das Bethaus von St. Guirec steht auf dem Strand von Ploumanac'h auf einem kleinen Felsen. Es ist nicht genau bekannt, wann das Gebäude entstanden ist, man geht aber vom 13. Jh. aus. Es ist dem bretonischen Lokalheiligen Guirec, einem Gefährten des Bischofs Tugdual, gewidmet.

Auch hier gibt es einen Brauch: Junge unverheiratete Frauen stechen eine Nadel in die Nase des Heiligen. Wenn sie einen Ebbe-Flut-Zyklus lang dort steckenbleibt, werden sie innerhalb eines Jahres heiraten.

☺ Gehen Sie hinter dem Grand Hotel nach rechts, dann finden Sie verschiedene ✕ Lokale und Geschäfte.

Bei einem Kreuz, einem ⌘ Denkmal und einigen Bänken am Ende des Strandes finden Sie wieder auf den Uferweg zurück. Der Leuchtturm dominiert nun das Bild. Bei km 1,3 zweigt ein Pfad vom Hauptweg ab auf eine Landzunge. Genießen Sie den Anblick und kehren Sie dann auf den Wanderweg zurück. Zu Ihrer Rechten passieren Sie eine wunderliche Kapelle (km 1,5).

Was aussieht wie eine kleine Kirche, ist laut der Einheimischen ein Bootsschuppen. Schaut man genauer, dann sieht man steinerne Höllenhunde auf dem Giebel sitzen und dort, wo man die Glocke vermuten würde, den Leibhaftigen. Daher trägt das Bauwerk auch den inoffiziellen Namen Chapelle du Diable.

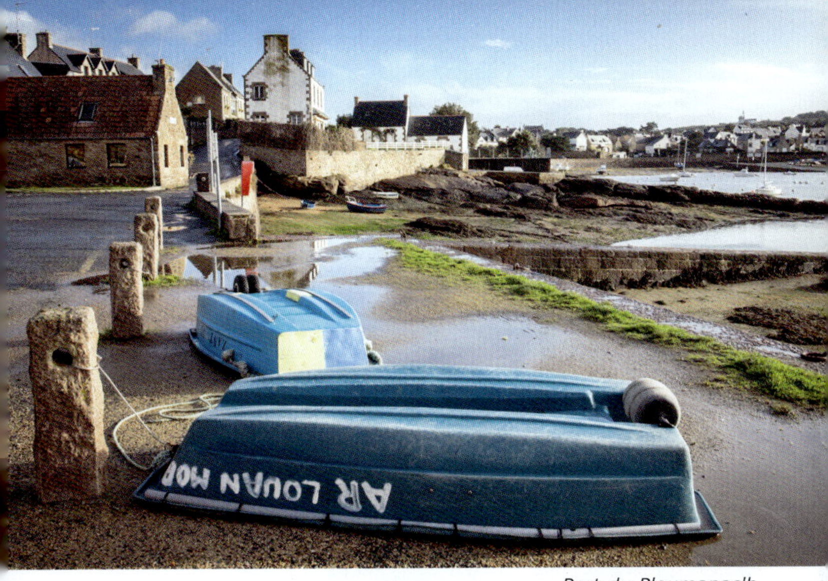

Port du Ploumanac'h

Etwa 70 m weiter zweigt nach links ein Treppenweg durch die Felsen und zum Leuchtturm ❷ (km 1,7) ab. Sie können diesen umrunden und kehren dann über denselben Pfad zurück zum Wanderweg. Unterwegs finden Sie ein Quellhäuschen zwischen den rosa Felsen. Wieder auf dem GR 34 passieren Sie bei km 1,9 das Maison du Littoral.

⌘ Maison du Littoral, Chemin du Phare, 22700 Ploumanac'h, ☏ 02 96/91 62 77, perros-guirec.com, Juli-Aug tägl. 10:00-13:00 und 14:00-18:00, 12. Okt-3. Nov tägl. 10:00-12:30 und 14:00-17:30, in den Schulferien Mo-Fr 14:00-17:00, sonst Mi 14:00-17:00, geologische Ausstellung über die Côte de Granit Rose, Eintritt frei

Die Küstenlinie bietet nun alles an Formenvielfalt, was die Natur aus rosa Granit machen kann. Eine der spektakulärsten Formationen finden Sie bei km 2,8: das Château du Diable. Dafür gehen Sie am Meilenstein Nr. 18 nach links und erreichen den Felsen. Um im Anschluss wieder zum Hauptweg zu gelangen, gehen Sie links, die Treppe hinunter, dann gleich nach rechts und noch einmal nach rechts. Nach links verläuft dann wieder die weiß-rote Markierung.

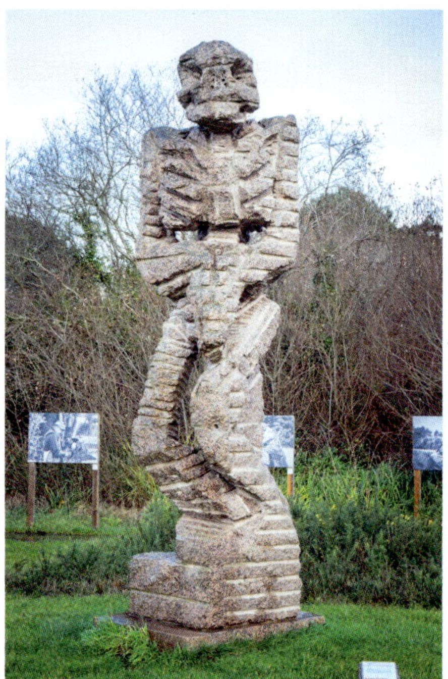

L'Ankou im Skulpturenpark

Beim Meilenstein Nr. 19 (km 3) lädt eine Bank zur Pause ein. Noch 200 m vorbei an weiteren Bänken und einem Aussichtspunkt und Sie verlassen den Uferpfad an der Gabelung nach rechts. Zwischen Ginster gelangen Sie zu einem Sportplatz. Hier finden Sie auch einen Wegweiser zum Skulpturenpark, dem Sie geradeaus folgen.

Im Park angekommen ❸ (km 4,2) finden Sie neben interessanten Objekten auch Picknickbänke, einen Kinderspielplatz und ein öffentliches WC. Verlassen Sie den Park nahe dem Spielplatz und wenden Sie sich auf der Rue Saint-Guirec nach rechts. Auf dem Gehweg erreichen Sie nach ein paar Metern den Zebrastreifen und überqueren die Fahrbahn. Nach rechts gelangen Sie zur Rue Traverse, in die Sie links einbiegen. Zwischen Wohnhäusern gelangen Sie zur Rue du Moulin. Hier biegen Sie nach rechts ab, zur Linken das waldige Tal, in dem der kleine Traouïero dem Meer entgegenfließt. An der Mündung erreichen Sie einen Damm (km 5,2), in dessen Mitte ein Gebäude steht, eine ⌘ Gezeitenmühle (☞ Tour 19).

Der Hafen befindet sich nun auf der linken Seite und Sie laufen entlang der Kaimauer. Kurz bevor Sie die Wanderung beenden, passieren Sie das ✕ Hafenbistro (km 5,6).

✕ Bistro du Port, 56 Chemin de la Pointe, 22700 Ploumanac'h, 07 88/76 03 11, April-Sep Do-Mo 11:00-21:00, Di 11:00-18:00, Küche ab 12:00, Crêpes und Galettes, sehr kinderfreundlich, Hunde herzlich willkommen

7 Rund um die Île Grande

Tour für Insel- und Vogelliebhaberinnen und -liebhaber

Einmal um die ganze W... Insel herum und die Taschen voller Erinnerungen. Dass dieser abgewandelte Liedtext von Carel Gott hier seine Berechtigung hat, liegt an der Vielseitigkeit der Küste der Insel. Auf der Nordseite ist sie felsig-schroff, der Süden wird durch Watt und Sumpf gebildet, dazwischen laden schöne Sandstrände zum Baden oder Rasten ein. Und einen Gipfel hält die Wanderung auch noch bereit.

Start/Ziel: Parkplatz am Ende der Rue de Molène, GPS N 48°47.745' W 003°35.120'
7,8 km
2 Std.
74 m/74 m
0-27 m
weiß-rot (GR 34), ohne Markierung (km 2,6 bis km 3,5)
zumeist befestigte Wanderwege, z. T. schmal und etwas wurzelig
Crêperie La Triagoz 500 m vom Weg entfernt in Pleumeur-Bodou (km 5,8)
am Start/Ziel, Aussichtsbank bei km 3,8, am Strand von Pors Gelen bei km 4,4 und bei km 6,9
WC am Parkplatz bei km 5
Strandbad bei km 4,3
Die Tour ist für Kinder gut machbar und eignet sich hervorragend als Familienwanderung.
für Kinderwagen ungeeignet
Der Weg ist für Hunde gut geeignet. Überwiegend pfotenfreundliche Wege. Nehmen Sie auf jeden Fall genug Flüssigkeit für den Hund mit!
P am Start/Ziel, Parkplatz mit WC bei km 5
Mit der Linie D (Lannion – Île Grande) fahren Sie zur Île Grande, Haltestelle „Île Grande-Centre“, 3-mal täglich. Von der Haltestelle gehen Sie durch die Rue Cornic 300 m zur Wanderroute (km 6,5).
Falls Sie zwei Wanderungen miteinander verbinden möchten, so können Sie bei km 5,8 zur Tour 8 abbiegen. Beide Touren zusammen sind 17,2 km lang.

Auf dieser Wanderung können Sie sich (fast) nicht verlaufen, denn Sie folgen immer der Küstenlinie der Insel. Lediglich um der höchsten Erhebung einen Besuch abzustatten, weichen Sie hiervon ab.

Vom Startpunkt am P Parkplatz (WC) aus gehen Sie bis zum Uferweg (weiß-rote Markierung). Wenden Sie sich nach rechts und umrunden Sie die Insel im Uhrzeigersinn. Dabei kommen Sie bei km 1 an einem Gehege für Seevögel vorbei. Dahinter befindet sich das Vogelzentrum, das Sie besichtigen können.

⌘ LPO-Vogelstation, l'Île Grande, 22560 Pleumeur-Bodou, ☏ 02 96/91 91 40, sept-iles.lpo.fr, variable Öffnungszeiten, Infos über heimische Seevögel, aktuelle Veranstaltungen siehe Website

Eine Pause können Sie wenig später bei einer Bank (km 1,2) einlegen. Von hier laufen Sie auf eine Landzunge, deren Spitze den Namen Pointe de Toul-ar-Staon ❶ (km 1,5) trägt und Ihnen eine schöne Aussicht gewährt. Kehren Sie bis zur Bank zurück und folgen Sie weiter dem Uferweg.

Nachdem Sie eine deutlich erkennbare Bucht mit Sandstrand umrundet haben, gabelt sich der Weg bei km 2,6. Nach links führen einige Holzstufen bergab.

Wegimpression

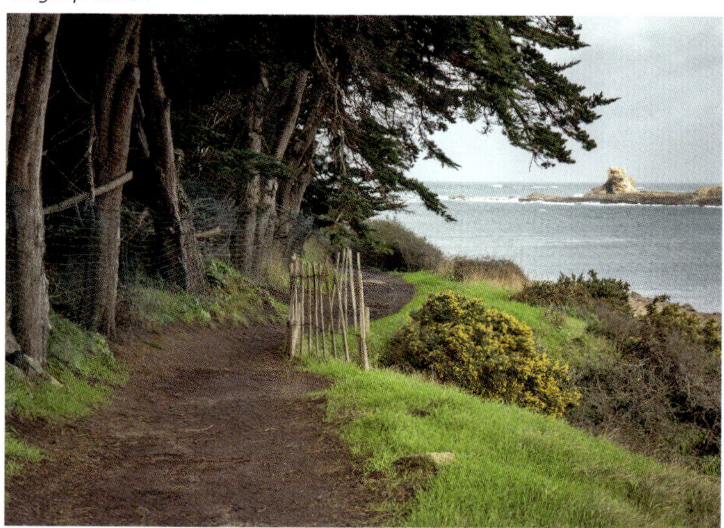

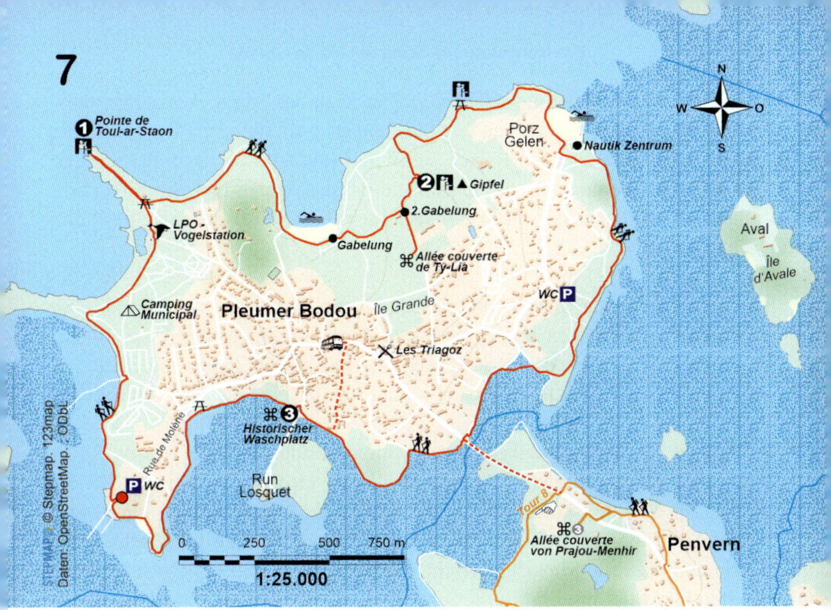

7

Pointe de Toul-ar-Staon
LPO-Vogelstation
Gabelung
2.Gabelung
Gipfel
Porz Gelen
Nautik Zentrum
Allée couverte de Ty-Lia
Camping Municipal
Pleumer Bodou
Île Grande
Les Triagoz
WC P
Aval
Île d'Avale
Historischer Waschplatz
Rue de Molène
P WC
Run Losquet
Tour 8
Allée couverte von Prajou-Menhir
Penvern
0 250 500 750 m
1:25.000
STEPMAP © Stepmap, 123map
Daten: OpenStreetMap, ODbL

Verlassen Sie hier den markierten Weg und gehen Sie nach rechts auf den schmalen Trampelpfad. Nach 5 m gelangen Sie zu einer Fahrspur, in die Sie nach links einbiegen.

Vorbei an Wohnhäusern gelangen Sie zu einer weiteren Gabelung und entscheiden sich für den rechten Weg. Sie gewinnen an Höhe und sehen schließlich auf der rechten Straßenseite die ⌘ Allée couverte Ty-Lia (km 3).

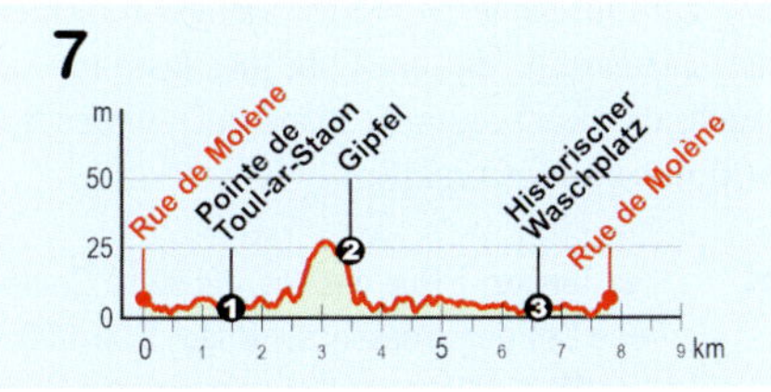

Auf dem höchsten Punkt der Insel befindet sich die Allée couverte Ty-Lia. Sie ist ein charakteristisches Exemplar der Allées couvertes. Ihre Ausrichtung ist von West nach Ost, sie ist etwa 3.000 Jahre alt. Sie ist 8,5 m lang und wird durch mehrere große Deckenplatten überdacht.

Laut einer Überlieferung sollen in der Antike in der Anlage Aussätzige untergebracht worden sein. Ihre Nahrung reichte man ihnen mit einer Mistgabel. Eine andere Überlieferung besagt, hier haben Kornandounezed, eine Art Zwerge, gewohnt. An Vollmondnächten tanzten sie mit den Leuten und wenn man artig mitspielte, wurde einem männlicher Nachwuchs bescheinigt, inklusive einer problemlosen Geburt.

Sie gehen wieder bergab und zurück bis zur Gabelung, dann wenden Sie sich nach rechts in den breiten, mit zwei Steinen abgesperrten Weg. Wieder gabelt sich dieser, Sie wählen den linken Abzweig bergab. Schon taucht ein Felsen vor Ihnen auf. Im Uhrzeigersinn windet sich Ihr Pfad bis zum Gipfel ❷ (km 3,4).

Sobald Sie sich sattgesehen haben, kehren Sie zum Fuße des Felsens zurück und laufen bergab auf dem Trampelpfad, der Sie wieder zum Uferweg (GR 34) bringt. Nach rechts setzen Sie dort die Wanderung fort. Noch ein wenig, dann haben Sie eine Aussichtsbank (km 3,9) mit Blick auf die vorgelagerten Inseln und tausende Seevögel erreicht. 100 m weiter befinden Sie sich am nördlichsten Punkt der Insel.

Ihr Weg knickt nun nach Süden ab und Sie erreichen ein Strandbad. Sie finden am Ende des Strandes das Gebäude des Nautik-Zentrums. Gehen Sie – vom Meer aus gesehen – hinter dem Haus entlang und dann zwischen den beiden Zaunpfählen auf den Fußweg. Die Markierungen sind nun wieder gut zu finden.

Sie erreichen bei km 5 einen P Parkplatz mit öffentlicher Toilette. Die Bebauung zum Inselinneren hin wird langsam dichter. Zum Wasser hin blicken Sie auf die Salzmarsch, die bei Ebbe die Insel mit dem Festland verbindet. Vor Ihnen taucht die Brücke zum Festland auf. An der Brücke rechts finden Sie nach ca. 500 m eine Crêperie.

Les Triagoz, 2 Rue des Îles, 22560 Île Grande, ☏ 02 96/91 92 82, Jan und Nov-Mitte Dez geschlossen, sonst tägl. 8:00-1:00, Küche 12:00-22:30, Crêpes und Galettes, für Kinder wird gut gesorgt, Hunde herzlich willkommen

☺ Möchten Sie hingegen zwei Wanderungen verbinden, dann können Sie links über die Brücke abbiegen. In knapp 400 m erwartet Sie rechts auf dem Fußpfad die Wanderung Nr. 8. Haben Sie diese beendet, dann gelangen Sie über die Brücke wieder zurück zur Inselwanderung.

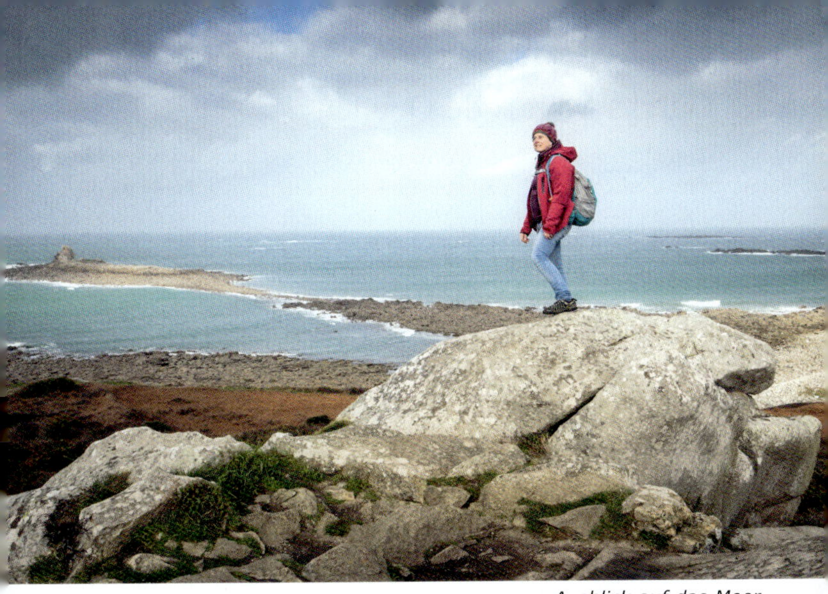

Ausblick auf das Meer

Bei der Umrundung der Île Grande nehmen Sie wiederum den gut ausgeschilderten Uferweg. Das Marschland geht in Watt und Meer über, bei windigem Wetter und Flut können Sie zahlreiche Windsurferinnen und Windsurfer beobachten. Vorbei an der kleinen vorgelagerten Insel Run Losquet queren Sie die Zufahrtsstraße zu dieser Insel. Wenige Schritte weiter befindet sich ein ⌘ historischer Waschplatz ❸ (km 6,6).

Sie passieren einen Park mit Ѫ Bänken (km 6,9), wandern um einen Landzipfel herum und vorbei an zwei Molen und erreichen schließlich bei km 7,8 das Ende der Wanderung.

8 Durchs Marais du Quellen

Tour für Liebhaberinnen und Liebhaber von Vögeln und Sumpflandschaften

Sümpfe gibt es in der Bretagne viele. Die Flora und Fauna der Sümpfe zeichnet sich durch einen Artenreichtum aus. Das Marais du Quellen ist ein kleines, aber nicht minder feines Sumpfgebiet in der Nähe der Île Grande.

- Start/Ziel: Parkplatz D788/Chemin de Crec'h Hellen, Kerhellen, GPS N 48°46.950' W 003°34.630'
- 8,8 km
- 2 Std. 30 Min.
- 123 m/123 m
- 1-57 m
- orangener Strich und grüner Frosch im Marais, dann gelb und entlang der Küste weiß-rot, ab Runigou ohne Markierung
- schmale, z. T. sumpfige Wanderwege, zu Beginn auch Holzstege, ruhige Nebenstraßen und Forstwege
- unterwegs keine Lokale
- bei km 1,7 und km 8
- Die Tour ist für Kinder problemlos zu bewältigen. Über schmale Holzstege durch den Sumpf zu pirschen und nach Vögeln und Wassertieren Ausschau zu halten, lässt kaum Langeweile aufkommen.
- für Kinderwagen ungeeignet
- Die Tour ist für Hundepfoten gut geeignet, lediglich entlang der Küste könnte das Salzwasser empfindlichen Hunden Probleme bereiten.
- P am Start/Ziel
- Mit der Linie D (Lannion – Île Grande) fahren Sie zur Île Grande, Haltestelle „Auberge de Jeunesse", 3-mal täglich. Von der Haltestelle gehen Sie Richtung Süden und erreichen nach ca. 550 m den Startpunkt.
- Falls Sie zwei Wanderungen miteinander verbinden möchten, so können Sie bei km 5,4 zur Tour 7 abbiegen. Beide Touren zusammen sind 17,2 km lang.

Der **P** Parkplatz, auf dem Sie auch eine Wandertafel finden, liegt an der stark befahrenen D788. Dies muss Sie jedoch nicht besorgen: Sie wenden sich in Richtung Inland und haben schon das Moor Marais du Quellen vor sich.

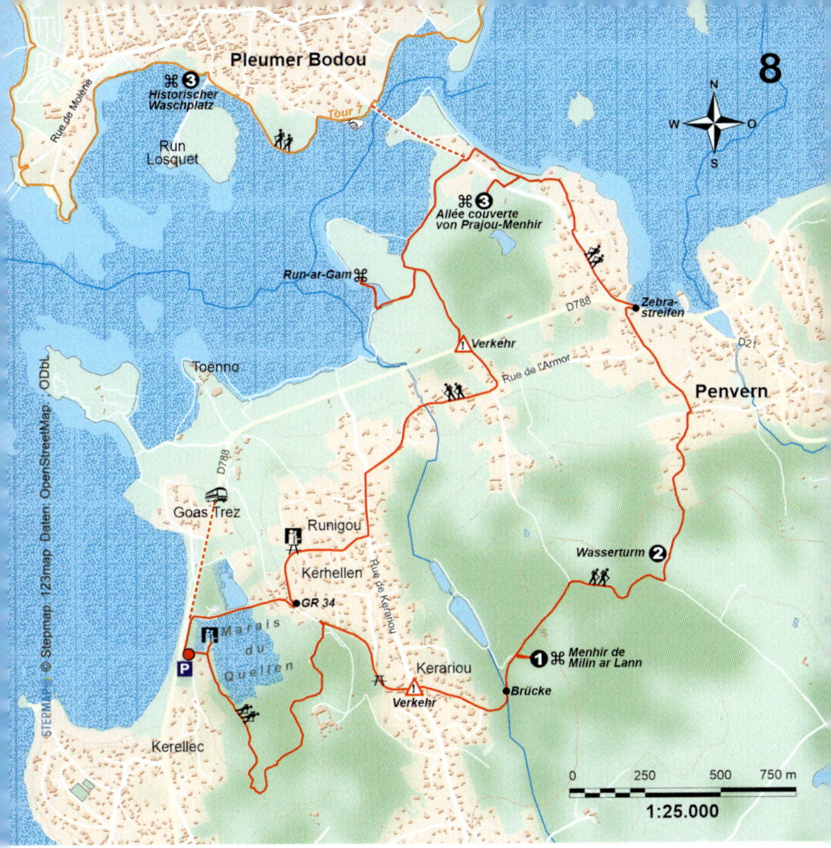

Nehmen Sie den Fußweg zwischen den beiden Steinpfählen, der links neben einem Wohngrundstück verläuft. Die Markierung in Form eines orangen Streifens und eines grünen Frosches führt Sie nun ins Moor.

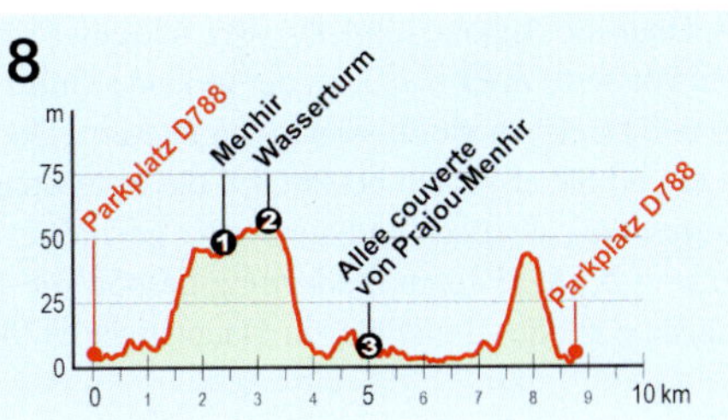

Die Marais du Quellen sind ein Süßwassersumpfgebiet in unmittelbarer Nähe zum Ärmelkanal. Sie werden durch Dünen vom Meer getrennt. Die Landschaft wird durch Röhricht, Feuchtwiesen und Wälder geprägt. Entsprechend vielfältig ist hier die Flora und Fauna. Auf dem Gebiet leben u. a. Camargue-Pferde, für Vogelliebhaberinnen und -liebhaber ist eine Beobachtungshütte gebaut worden.

Gleich zu Beginn treffen Sie auf die Vogelbeobachtungshütte (km 0,1) mit vielen Infos zum Marais du Quellen. Ab hier führt Ihr Weg über Stege und schmale – nach Regenfällen sehr feuchte – Pfade. Am Ende des Sumpfgebietes gelangen Sie zu einer Treppe, diese endet an der Straße.

Ab nun geleitet Sie die gelbe Markierung zunächst rechts bergauf. Bei km 1,7 können Sie auf der Ⱥ Bank verschnaufen. Weiter geht es am Straßenrand bergauf, bis Sie zur breiteren Rue de Kerariou gelangen.

Besonders mit kleinen Kindern ist Vorsicht beim Überqueren der Fahrbahn geboten.

Auf der anderen Straßenseite angekommen finden Sie geradeaus den Wegweiser „Mer, Boire et Landes". Die Straße führt durch ein Wohngebiet und knickt dann nach rechts ab. Gehen Sie hier geradeaus weiter, jetzt auf einem breiten Wanderweg. Sie gewinnen an Höhe. Wald umgibt Sie. Bei km 2,2 überqueren Sie auf einer Brücke einen Bach. Der Weg wird steiler und Sie gelangen zu einer Gabelung mit dem Wegweiser „Menhir de Milin ar Lann".

An der Gabelung gehen Sie nach rechts und erreichen den ⌘ Menhir ❶ (km 2,4). Gehen Sie von hier bis zur Gabelung zurück und setzen Sie Ihre Wanderung fort.

Über die Anhöhe führt Ihr Weg mit guter Markierung. Zudem passieren Sie den Wasserturm ❷ (km 3,2), der weithin sichtbar ist. Nun gehen Sie wieder bergab und erreichen die Ausläufer von Penvern. Der Weg geht in eine ruhige Straße über und Sie erreichen bei km 3,8 die erste Kreuzung, an der Sie den gelb markierten Weg verlassen und nun weiter geradeaus Richtung Île Grande laufen, nun entlang der weiß-roten Markierung des GR 34. Diese leitet Sie vorbei an einem Wegekreuz (km 4) und bis zur Hauptstraße D788.

Nutzen Sie zum Überqueren den Zebrastreifen.

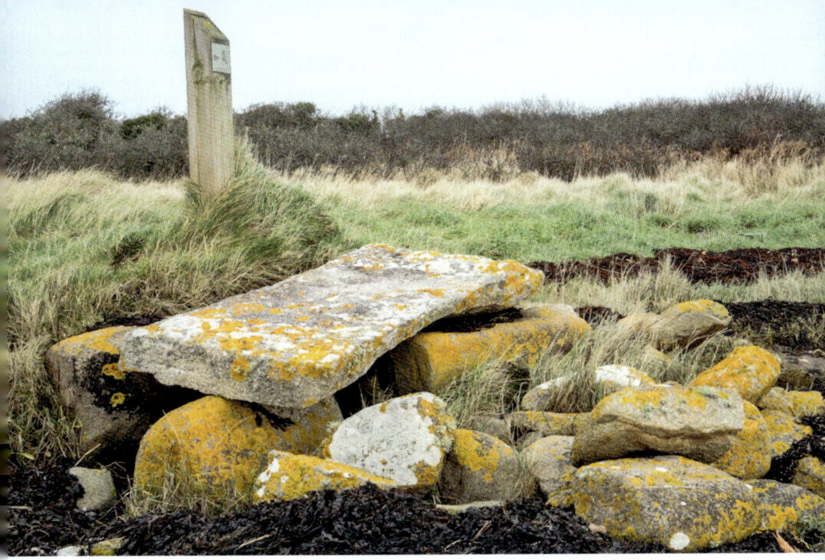

Menhir

Linker Hand finden Sie weitere Wegmarkierungen, die Sie an der nächsten Einmündung nach rechts führen. Zunächst durch ein Wohngebiet, dann über einen grasbewachsenen Strand geht Ihr Weg. Rechts blicken Sie auf das Meer, links schirmen Sträucher die Straße ab. Sie folgen einem undeutlichen Trampelpfad, der auf ein Tor zwischen den Büschen zuläuft. Für ein kurzes Stück weichen Sie damit vom GR 34 ab.

Sie gehen durch das Tor und dann nach rechts. Sie sehen auf der anderen Straßenseite schon ein paar blaue Container und dahinter einen Wegweiser, der in einen Wiesenweg deutet. Dieser Weg führt Sie zur ⌘ Allée couverte de Prajou-Menhir ❸ (km 5).

Wieder zurück an der Straße wenden Sie sich nach links und finden nach 250 m einen Wegweiser nach Trébeurden und auch die weiß-rote Markierung, die Sie auf einen grasigen Fußweg leitet.

↬ ☺ Falls Sie Tour 7 und 8 verbinden möchten, gehen Sie einfach weiter geradeaus über die Brücke auf die Île Grande. Nach 400 m erreichen Sie dann einen Einstieg zur Tour 7. Kommen Sie gerade von dort, dann können Sie hier wieder in Tour 8 einsteigen.

Der GR 34 geleitet Sie durch Salzmarsch, macht dann einen Knick nach links und führt Sie an eine Gabelung (km 6). Abweichend vom weiß-roten Weg gehen Sie hier nach rechts und am Strand noch einmal rechts, bis Sie zu einem Menhir und einem kleinen Dolmen gelangen.

Achtung! Bei Hochwasser ist Ihnen der Weg über den Strand versperrt. Lassen Sie dann diesen Abstecher einfach aus und folgen Sie stattdessen weiter dem GR 34. Wenn Sie das Megalithgrabmal besucht haben, kehren Sie auf gleichem Wege zum GR 34 zurück und setzen Ihren Weg fort.

Bei km 6,9 überqueren Sie zum letzten Mal die laute D788. Seien Sie dabei bitte vorsichtig!

Verkehrsregulierung

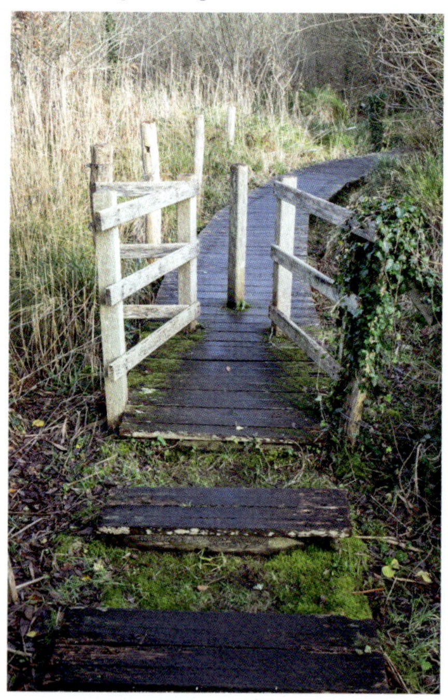

Die Wanderung läuft nun durch Runigou. Am ersten Abzweig biegen Sie nach rechts in die Rue de l'Armor ab, der Sie – nun ohne Markierung – bis zum Ende folgen. Sie gewinnen an Höhe. Aus dem schönen Dorf heraus bieten sich bald herrliche Blicke aufs Meer und die Île Grande. Nach links folgen Sie für 400 m der Rue de Kerariou und biegen dann rechts in den Chemin de Rougoulouarn ein. Dieser Weg läuft bei km 8,1 auf eine Aussichtsbank zu. Weiter geht es nach links, den Berg hinab und dann bei Haus Nr. 34 im spitzen Winkel nach rechts. Das Marais du Quellen liegt nun neben der Straße. Bis Sie den Parkplatz vor Ihnen erreichen, können Sie noch einmal einen Blick darauf genießen.

9 Die Täler von Saint-Michel-en-Grève

Tour für Liebhaberinnen und Liebhaber von Bachläufen und Landschaften mit bäuerlichem Ambiente

Direkt am Meer und doch stets in Feld und Wald. Die riesige Bucht Lieue de Grève markiert lediglich den Beginn der Wanderung und ihr Ende, ansonsten dominiert der Mittelgebirgscharakter die Landschaft mit drei wilden Bachtälern, viel Wald und Flur.

Start/Ziel: Parking du Grand Rocher, GPS N 48°40.180' W 003°35.140'

11,2 km

3 Std. 30 Min.

317 m/317 m

1-104 m

weiß-rot

schmale Straßen, Forst- u. Feldwege und in den Bachtälern schmale, bei Nässe auch z. T. rutschige Wanderwege

unterwegs keine Einkehrmöglichkeiten, einige Lokale in Saint-Michel-en-Grève

Picknickbänke am Start/Ziel und bei km 1,2

Kinder werden keine großen Schwierigkeiten haben. Im Wald und am Bach gibt es für Kinder immer Interessantes zu entdecken und zu beobachten.

für Kinderwagen nicht geeignet

Für Hunde ist die Tour gut geeignet, lediglich bei der Überquerung des Ruisseau de Roscoat könnte Ihr Hund Unterstützung brauchen.

P am Start/Ziel

mit der Linie 30 (Lannion – Morlaix) nach Pont ar Yar, Haltestelle „Pont ar Yar", mehrmals täglich, am Weg bei km 0,7

Am Start der Tour finden Sie einige Picknickbänke und Infotafeln über Flughunde. Beginnen Sie die Wanderung, indem Sie Richtung Meer laufen.

Überqueren Sie mit aller Vorsicht die D786. Diese macht hier einige Kurven, sodass Sie Autos erst spät bemerken!

Auf dem Gehweg laufen Sie nach rechts, direkt am Ufer entlang. Den Meeresstrand zwischen der Mündung des Flusses Yar und dem Ruisseau de Roscoat können Sie über mehrere Zugänge erreichen.

 km 0,7 Bushaltestelle „Pont ar Yar“

Sobald Sie den Ruisseau de Roscoat überquert haben, finden Sie einen Zebrastreifen (km 1,1), der Sie zurück auf die Inlandsseite der Straße bringt. Sie überqueren den Picknickplatz und biegen an dessen Ende in die Route de Bellevue ein. Ab hier folgen Sie für eine lange Strecke der weiß-roten Markierung des GR 34.

Der Weg führt Sie zunächst durch eine Ortschaft und dort in eine Sackgasse, von wo Sie schon nach wenigen Metern auf einen Trampelpfad am linken Fahrbahnrand wechseln. Unter Ihnen läuft die Straße bis zu einer Kläranlage. Um Sie herum wird der Wald dichter und der Weg steiler. Nach einem Linksknick öffnet sich der Wald. Bis Sie wieder die Straße erreichen, laufen Sie an Feldern und einzelnen Häusern vorbei.

Ab hier sind die Markierungen nur schwer zu entdecken. Sie wenden sich an der Straße nach links. Nach einer Rechtskurve stehen Sie zwischen zwei Strommasten – links Beton, rechts ein Holzmast. Nach rechts zweigt ein undeutlicher Ackerweg ab. Dies ist Ihr Weg.

Der Pfad wird zum Hohlweg und die nächsten Wegzeichen finden sich wieder. Bei km 2,7 erreichen Sie erneut eine Straße. Hier blicken Sie nach links und sehen dort die Kapelle Sainte-Geneviève ❶.

Von der kleinen Kapelle heißt es, dass sie von den Einwohnerinnen und Einwohnern von Plouzélambre im Mittelalter errichtet worden ist. Die Kapelle soll entstanden sein, weil die Gemeindemitglieder ein Gelübde ablegten, den Bau zu errichten, wenn sie die Pest verschonen würde. Der Name der Kapelle leitet sich dabei aus dem bretonischen Begriff Gwennojen, „der Weg“, ab. Der Weg der Pest endete genau hier.

Ihre Wanderung verläuft nun über Feldwege, dann über eine Viehwiese.

Bitte schließen Sie die Gatter wieder gründlich und lassen Sie mitwandernde Hunde hier nicht frei laufen!

Sobald Sie wieder die Straße erreichen, folgen Sie der Markierung nach links – vorbei an einigen Häusern – und biegen bei der nächsten Möglichkeit nach rechts ab. (Hier ist die Markierung etwas undeutlich.) Ab dem Weiler Pen Ar

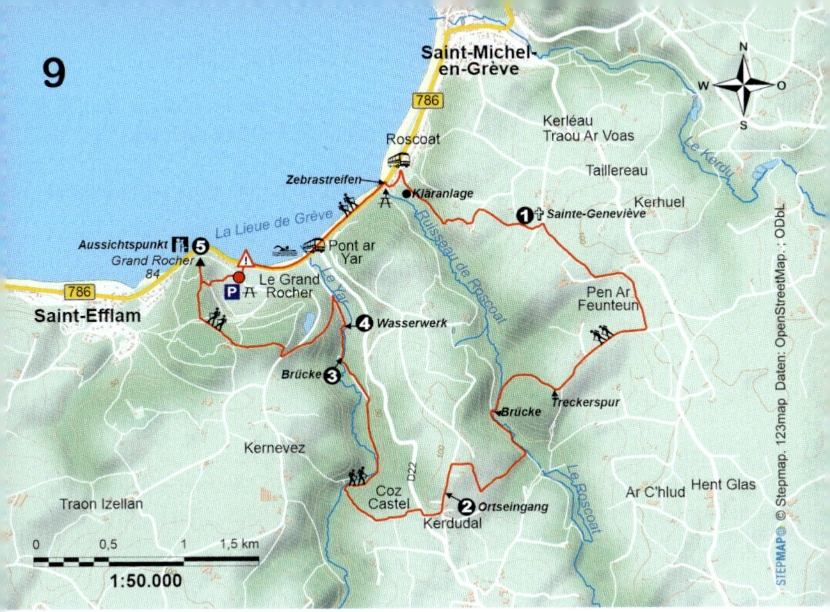

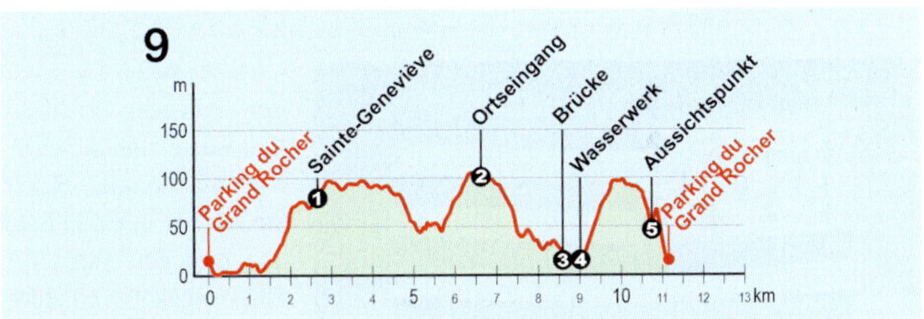

Feunteun können Sie sich wieder auf die Wegzeichen verlassen. Die ruhige Straße geht bald in eine Treckerspur über (km 4,3). Noch 200 m und Sie erreichen einen breiten Platz.

Hier wird es einen Moment schwieriger, den Weg zu finden: Geradeaus sehen Sie einen verwilderten Hohlweg und nach rechts eine deutliche Treckerspur. Folgen Sie der Treckerspur, bis links neben Ihnen der Wald beginnt. Hier zweigt rechts neben dem Weg eine schwach zu erkennende Treckerspur ab. Nehmen Sie diese, dann finden Sie nach ein paar Metern wieder die bekannte Markierung.

Durch den Wald steigen Sie zum Tal des Ruisseau de Roscoat ab. Bei km 5 haben Sie das Wasser erreicht und folgen nun dem Bachlauf nach links.

Für Hunde könnte der Bach gefährlich sein. Es gibt zwar seichte Stellen, jedoch ist die Strömung sehr stark.

Der Weg ist schwierig und gerade bei feuchtem Wetter rutschig. Achten Sie hier bitte besonders auf jüngere Kinder!

An einer baufälligen Brücke (km 5,2) überqueren Sie den Ruisseau de Roscoat. Seien Sie hier ebenfalls vorsichtig!

Nach weiteren 400 m entlang des Bachs erwarten Sie ein paar Stufen, dann geht es steil bergauf. Der Wald entlässt Sie bei einer Pferdekoppel und der Straße, die Sie zum Ortseingang von Kerdudal ❷ (km 6,6) geleitet. Durch den Ort und bis zur Landstraße D22 führt Ihr Weg.

Hier kann mäßiger Verkehr herrschen. Überqueren Sie die Straße bitte vorsichtig!

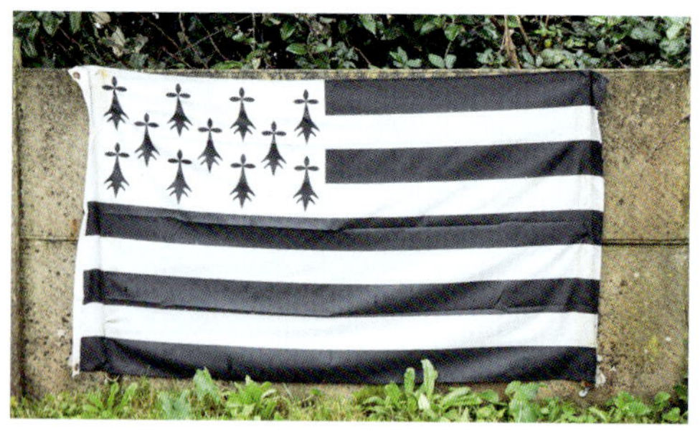

Die bretonische Flagge

Links sehen Sie schon den Abzweig Richtung Coz Castel und die weiß-rote Markierung. Erneut steigen Sie in ein Flusstal ab, das des Yars. Am Fluss angekommen stiftet die Beschilderung Verwirrung: Sie weist über den Fluss, es gibt jedoch keinen Überweg! Wenden Sie sich stattdessen nach rechts und wandern Sie flussabwärts. Nach hundert Metern finden Sie wieder das Wegzeichen. Immer in der Nähe des Flusses gelangen Sie zu einer Brücke ❸ (km 8,7) und wechseln die Flussseite.

Sie gehen vorbei an einer ehemaligen Wassermühle und kommen bei km 8,9 an ein Wasserwerk ❹. Ab hier ist der Weg asphaltiert.

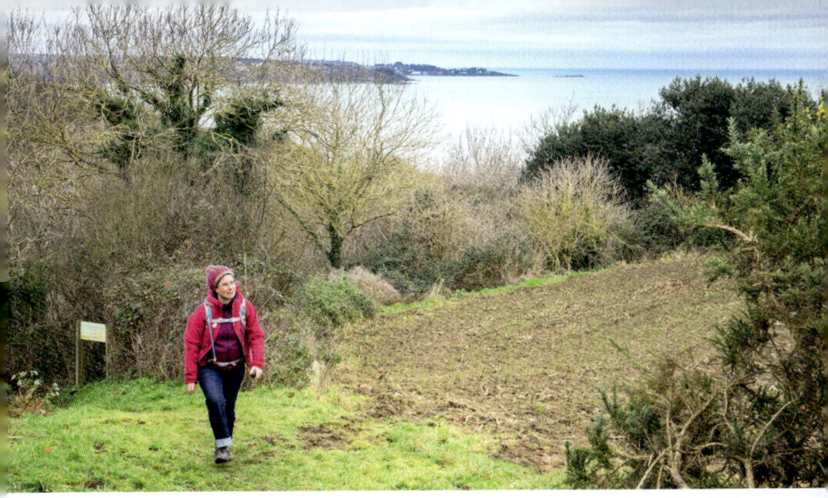

Hinauf auf die Höhe

Nach ein paar Schritten zweigt Ihr Weg nach links ab. Dabei gewinnt er zügig an Höhe. An der Fahrstraße angekommen halten Sie die Richtung bei. Auf der anderen Straßenseite finden Sie nach 80 m die nächste Markierung nach rechts.

Die weiß-rote Markierung führt Sie nun zuverlässig bis zum Grand Rocher. Sobald Sie diesen erreicht haben, macht der Weg eine scharfe Linkskurve. Hier zweigt nach rechts der Zustieg zum Aussichtspunkt ❺ ab. An diesem angekommen (km 10,7) überblicken Sie die ganze Bucht von Lanion, die hier bei Saint-Michel-en-Grève den Namen Lieue de Grève trägt.

Mitten in der Bucht von Saint-Michel-en-Grève steht ein großes Steinkreuz, das Mi-Lieue. Sein Ursprung geht bis ins Mittelalter zurück. Das Kreuz steht bei Ebbe frei und ist bei Flut vollständig überspült. Heute markiert bei Flut eine Boje den Standort des Kreuzes.

Das Kreuz diente Fußgängerinnen und Fußgängern, die die Bucht überqueren wollten, als Orientierung. Stand sein Sockel bereits im Wasser, würde man die Strecke bei Flut nicht mehr schaffen. Der Weg durch die Bucht verband die beiden Gemeinden Saint-Michel-en-Grève und Saint-Efflam.

Die Wanderung beschließen Sie, indem Sie bis zum markierten Weg zurückkehren, dort 100 m zurückgehen, bis Sie links einen steilen Treppenweg erreichen. Dieser führt Sie geradewegs zurück auf den Parkplatz, der Ihr Startpunkt war.

⑩ Aber Ildut – der bretonische Fjord

Tour für Liebhaberinnen und Liebhaber von Fjorden und pittoresken Dörfern

Das Finistère ist mit einer Vielzahl von Fjorden, die in der Bretagne Aber genannt werden, durchzogen. Hier sind diese Aber in der Regel recht flach, sodass sie sich bei Ebbe und Flut mit sehr unterschiedlichen Landschaftsbildern präsentieren. Diese Wanderung führt Sie zu einem dieser Aber.

Start/Ziel: Parkplatz Rue Poul-Ar-Ganol, Brélès, GPS N 48°28.710‘ W 004°42.865‘
13,2 km
4 Std.
176 m/176 m
4-69 m
gelbe Streifen, entlang des Abers weiß-rot
verkehrsarme, asphaltierte Straßen, Hohlwege, die z. T. recht steinig sind, und normale Wanderwege
Bar-Tabac Le Méhari in Brélès am Start/Ziel, L’Auberge de la Mer in Lanildut (km 9,1)
bei km 0,1 und km 11
in Brélès am Start/Ziel und in Lanildut (km 9,1)
WC am Parkplatz am Start/Ziel und an der Kirche in Lanildut (km 9,6)
Wenn 13,2 km für Ihre Kinder keine Probleme darstellen, ist die Wanderung für sie gut machbar. Bei Ebbe hat das Wasser viele interessante Dinge ans Tageslicht gebracht, die es zu entdecken gilt.
Die ersten 1,7 km sind zwar mit einem Kinderwagen zu bewältigen, letztlich ist die Wanderung jedoch für Buggys ungeeignet.
Bis auf einige recht steinige Passagen werden auch Hunde hier bequem laufen können. Genügend Wasser mitnehmen!
P am Start/Ziel und an der Kirche in Lanildut (km 9,6)
keine Busverbindung vorhanden

Auf dem P Parkplatz (WC) hinter der Kirche beginnt diese Wanderung. Wenn Sie der Kirche den Rücken zuwenden, blicken Sie auf die Kreuzung der Straßen Rue Poul-Ar-Ganol und Rue des Quatre-Vents. In Letztere biegen Sie nach rechts ein. Die Markierung in Form des gelben Streifens gibt Ihnen Sicherheit, während Sie durch das Dorf bergan steigen.

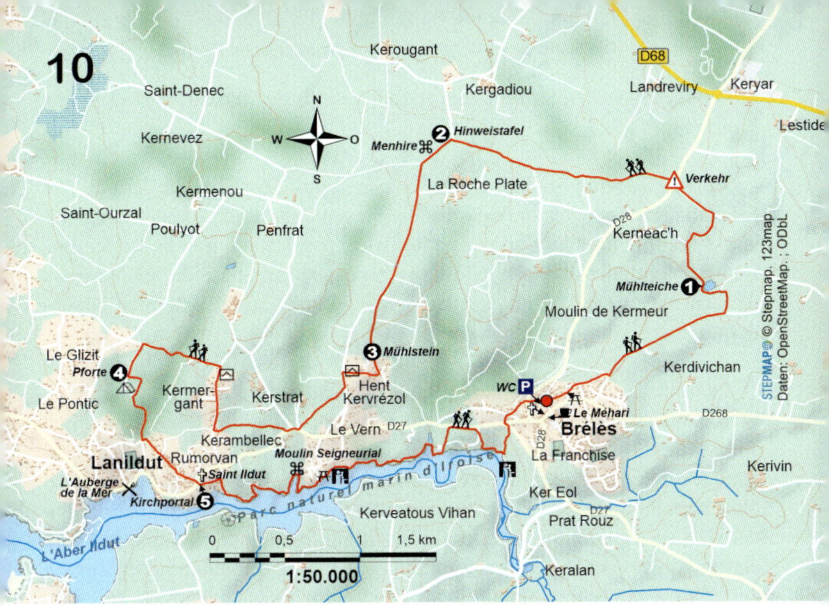

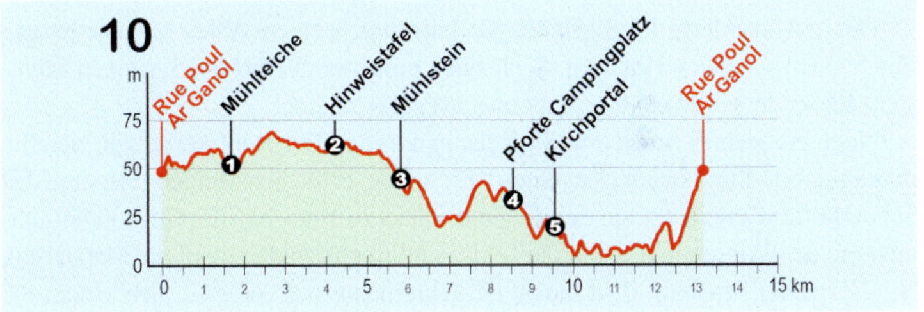

An der ⊼ Bank (km 0,1) geht es leicht nach links. Dann finden Sie weitere Markierungen wieder zuverlässig und verlassen bald die Dorfstraße.

Ein schöner Hohlweg leitet Sie, jetzt von Bäumen und Sträuchern beschattet, am Dorfrand entlang. An der Landstraße geht es noch einmal zügig bergauf. Sobald Sie den höchsten Punkt überschritten haben, leitet Sie die Wegmarkierung Nr. 25 (gelber Steifen) nach links auf einen Wirtschaftsweg.

Es wird waldiger und der Weg führt Sie zwischen zwei ehemaligen Mühlteichen ❶ hindurch (km 1,7). Nach einer Linkskurve geht es für Sie steil bergauf. Zwischen Äckern und Feldern gelangen Sie bis zur Landstraße D28 und überqueren diese.

Hierbei sollten Sie sehr aufmerksam sein, da der Verkehr recht dicht sein kann.

Auf der anderen Straßenseite sehen Sie schon die gelbe Markierung. Der Fußpfad führt Sie weiter an Feldern und kleineren Ortschaften vorbei. Bei km 4,3 knickt der Weg nach links ab und ist nun wieder asphaltiert. Hier finden Sie eine Hinweistafel zu den ⌘ Menhiren „der Liegende und der Stehende" ❷. Während Sie dem Weg weiter folgen, können Sie die Menhire zu Ihrer Rechten bewundern.

Es handelt sich um „den Liegenden und den Stehenden". Die Legende hierzu ist haarsträubend! Eine Frau verärgerte einst eine Fee auf der britischen Insel, sodass diese einen Stein nach ihr warf. Schlecht gezielt: Die Frau klemmte nur zum Teil unter dem Stein und schrie jetzt so laut, dass die Fee einen weiteren Stein nach ihr warf. Von England bis in die Bretagne – ein weiter Weg! Kein Wunder, dass sie die Frau erneut verfehlte. Der zweite Stein landete 75 m neben dem ersten. Was aus der Frau wurde, ist nicht überliefert. Leider gibt es keinen Zugang zur Wiese – besichtigen Sie die Steine also aus kleiner Entfernung.

Der gut markierte Weg geleitet Sie bald durch einen Wald. Es geht bergab durch einen schmalen Hohlweg. Schließlich passieren Sie bei km 5,9 einen Mühlstein ❸, in dessen Mitte ein steinernes Wegekreuz steht.

Noch ein kleines Stück und Sie gelangen in den Ort Hent Kervrézol, den Sie durchqueren. Kurz bevor Sie eine T-Kreuzung erreichen, finden Sie eine Schutzhütte. Dann leitet Sie der Weg nach links zu Haus Nr. 19. Gegenüber nehmen Sie den Wiesenpfad durch die Felder und wechseln damit auf die Markierung Nr. 27 (gelber Streifen). Bald taucht ein Bauernhaus auf. Sie erreichen erneut die Straße. Am Straßenrand gehen Sie über eine Brücke und dann ca. 30 m bergauf, wo Sie zu Ihrer Rechten einen Fußweg finden. Hier entdecken Sie auch zuverlässig wieder die Wegzeichen.

Wiesen und Felder begleiten Sie, bis Sie eine weitere Ortschaft erreichen. Hier haben Sie wiederum die Möglichkeit, sich bei Regen unterzustellen. Eine Schutzhütte findet sich im Dorf bei km 7,7. Nach links laufen Sie aus dem Ort wieder heraus. Nach dem letzten Haus endet die Teerdecke und ein steiler und holpriger Hohlweg führt nun bergab. Sie kreuzen einen Bach und gewinnen auf dem unebenen Weg schnell an Höhe. Der Weg wird besser und ist ab der nächsten Kreuzung (km 8,3) wieder asphaltiert.

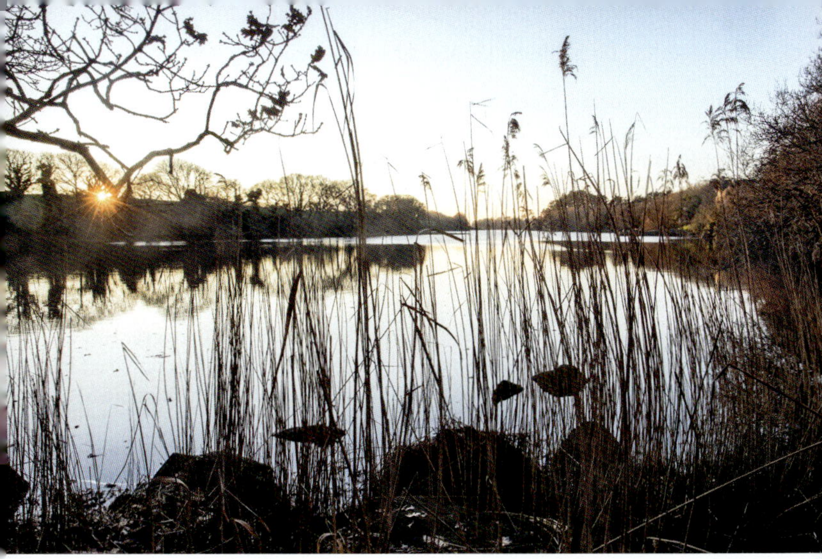

Abendstimmung am Aber Ildut

Biegen Sie hier nach links ab. Nun verläuft die Wanderung ohne Wegezeichen.

Bei km 8,6 stehen Sie an der Pforte zum Campingplatz ❹. Nach links nehmen Sie den Fußweg Richtung Lanildut. Haben Sie den Campingplatz zur Hälfte umrundet, erwartet Sie links ein Waldweg. Recht steil und auch nicht ganz leicht begehbar endet dieser an einem Haus. Entlang des Bachlaufs gehen Sie bis zur nächsten Kreuzung.

Falls Sie Hunger oder Durst verspüren, gehen Sie hier einfach etwa 100 m geradeaus.

L'Auberge de la Mer, 28 Route de l'Aber Ildut, 29840 Lanildut, ☎ 02 98/04 43 90, aubergedelamer.com, auberge.delamer@laposte.net, ganzjährig Mo-So 9:00-15:00, im Sommer Mo-So 9:00-15:00, Di-Do 9:00-20:00, Fr-Sa 9:00-1:00, bretonische Spezialitäten und französische Küche

Wollen Sie lieber weiter wandern, wählen Sie die Einbahnstraße rechts. Sie befinden sich nun im historischen Stadtviertel Rumorvan. Ab hier finden Sie als Orientierung die weiß-rote Markierung des GR 34.

Immer geradeaus sehen Sie schon die Kirche vor sich. Nachdem Sie am Zebrastreifen die Route de Brélès überquert haben, treten Sie durch das Kirchportal ❺ (km 9,6) in den Kirchbezirk ein. Hier finden Sie auch ein öffentliches WC.

Im Uhrzeigersinn führt Sie die Wegmarkierung um ✞ die Kirche. Schon erblicken Sie erstmals den Aber Ildut. Durch die Gassen von Lanildut gelangen Sie zum Wasser, wo Sie links auf den Uferpfad abbiegen.

Fjorde gibt es nicht nur in Norwegen, sondern auch in der Bretagne. Hier heißen sie Aber. Tief ins Festland eingeschnitten unterliegen die Meeresarme Ebbe und Flut, das Wasser ist salzig. Seefisch und Alge gehören zum Ökosystem.

Nun geht es für Sie immer am Ufer entlang. Bei km 10,6 führt Sie eine Brücke über den Mühlkanal der ⌘ Moulin Seigneurial. Wenig später gelangen Sie zu einer Bank mit Blick über den Aber (km 11). Noch einen knappen Kilometer am Wasser entlang, dann leitet Sie die Markierung vom Ufer weg. Bevor Sie die Landstraße erreichen, empfängt Sie rechts ein parallel laufender Fußweg. Ab jetzt richten Sie sich wieder nach dem gelben Streifen mit der Nr. 25. Dieser führt Sie bei km 12,6 nach links und weg vom Arber.

Wenn Sie hier dem GR 34 noch etwa 10 m am Ufer entlang folgen, werden Sie mit einem schönen Aussichtspunkt und einer Infotafel über den Aber belohnt.

Bergauf gehen Sie durch den Uferwald. Rechts neben Ihnen können Sie im Wald den ⌘ alten Waschplatz von Brélès finden. An der Landstraße D27 müssen Sie beim Überqueren wieder vorsichtig sein. Auf der anderen Fahrbahnseite finden Sie die Markierung gut sichtbar am Beginn eines Wiesenweges. Sie wandern bergauf zwischen Hecken, passieren einen Zebrastreifen und gelangen wieder zum Parkplatz, wo Sie die Wanderung beenden.

Bar-Tabac Le Méhari, 10 Rue de l'Aber Ildut, 29810 Brélès, ☏ 02 98/04 30 25 oder 06 03/44 77 61, ganzjährig Di-Fr 7:00-13:30 und 16:30-20:00, Sa 8:00-13:30 und 16:30-20:00, So 9:00-13:00 und 16:30-20:00, Kaffee und kalte Getränke, Kleinigkeiten zu essen (z. B. Croques), frisches Brot und kleiner Lebensmittelladen, Billard, sehr kinderfreundlich, Hunde herzlich willkommen

Die Südküste

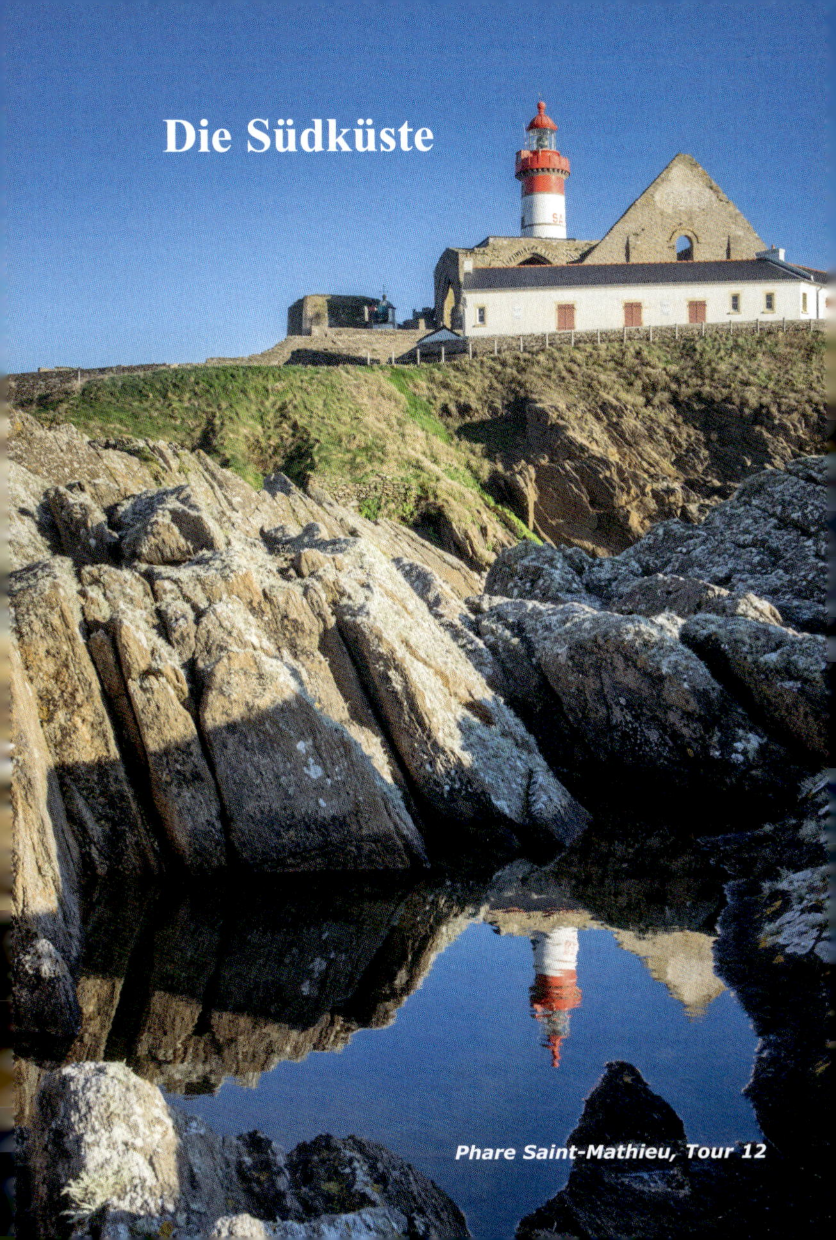

Phare Saint-Mathieu, Tour 12

11 Pointe de Corsen

Tour für Liebhaberinnen und Liebhaber von Leuchttürmen, Steilküsten und Stränden

Die Pointe de Corsen markiert den westlichsten Punkt des bretonischen Festlandes. Dieser vorgelagert sind zahlreiche Klippen und Inseln bis hinaus nach Ouessant. Danach geht es direkt nach Amerika. Der Leuchtturm Phare de Trézien, dem Sie auch einen Besuch abstatten, stellt hier auch die Grenze zwischen dem Ärmelkanal und dem Atlantik dar.

Start/Ziel: Parkplatz am ersten Haus der Route de la Plage de Porsmoguer, GPS N 48°24.480‘ W 004°46.605‘

12,7 km

3 Std. 30 Min.

253 m/253 m

5-52 m

zu Beginn weiß-rot, ein Stück ohne Markierung (km 5 bis km 7,3), gelb (km 7,3 bis km 8,7), bis zur Kapelle Locméven ohne, ab dort wieder weiß-rot

an der Küste häufig steinig und steil, dann asphaltierte Nebenstraßen, Wiesenwege und Wege mit weichem Boden

Bar la Miaou (km 3,9); Zapfstelle für Trinkwasser am Start/Ziel

Auf dem Küstenweg gibt es zahlreiche Bänke und Picknickplätze.

in Lampaul-Plouarzel (ca. 5 km vom Campingplatz entfernt)

WC auf dem Campingplatz (km 5)

Bademöglichkeit am Start/Ziel und zwischen km 2,9 und km 4,7

Kinder sollten gut auf dieser Wanderung zurechtkommen. Sie finden auf dieser Tour viele interessante Stellen. Es wartet ein heiteres Entfernungsraten an der Pointe de Corsen, die auch bestiegen werden kann.

Der Weg ist für Kinderwagen ungeeignet.

Für Hunde gut machbar, wenn sie keine felsigen Abschnitte scheuen, ansonsten angenehme Wege. Wasserstelle am Start/Ziel, trotzdem sollten Sie ausreichend Wasser mitnehmen.

P am Start/Ziel

keine Busverbindung vorhanden

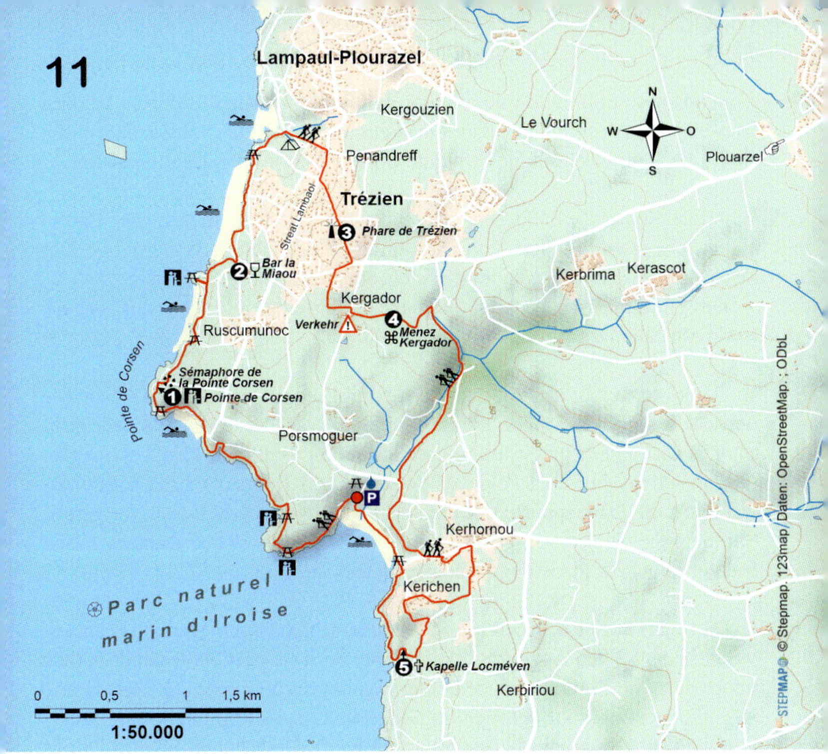

11

Lampaul-Plourazel
Kergouzien
Le Vourch
N
W
O
S
Penandreff
Plouarzel
Trézien
Streat Lambaol
3 Phare de Trézien
2 Bar la Miaou
Kerbrima
Kerascot
Kergador
4
Verkehr
Ruscumunoc
Menez Kergador
Pointe de Corsen
Sémaphore de la Pointe Corsen
1 Pointe de Corsen
Porsmoguer
P
Kerhornou
Kerichen
Parc naturel marin d'Iroise
5 Kapelle Locméven
Kerbiriou
0 0,5 1 1,5 km
1:50.000
STEPMAP © Stepmap. 123map / Daten: OpenStreetMap ; ODbL

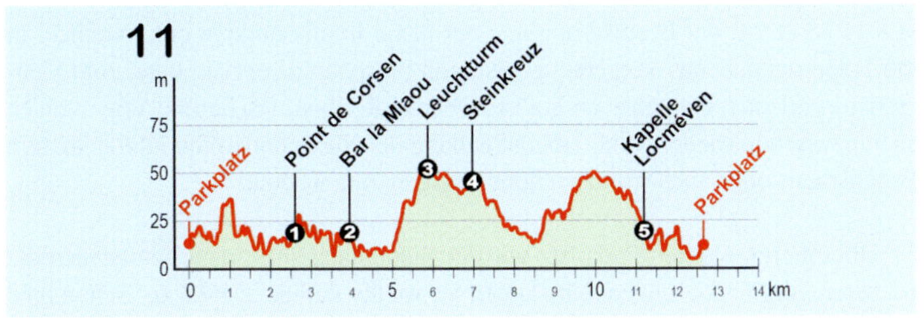

Am Startpunkt dieser Wanderung befinden sich eine Bank und eine Zapfstelle für Trinkwasser. Mit Blick auf das Meer nehmen Sie rechts den Saumpfad vor dem ersten Haus. Die weiß-rote Markierung des GR 34 finden Sie zuverlässig.

Schon nach 600 m lädt Sie die erste Aussichtsbank zu einem schönen Blick über das Meer und den Badestrand ein. Weitere 300 m und Sie finden eine Bank mit Blick auf die Pointe de Corsen und die vorgelagerten Inseln.

Als die Römer die Bretagne eroberten, fanden sie nicht nur, dass ganz Gallien in drei Teile geteilt, sondern dass just hier die Welt zu Ende sei – *finis terrae*. Der westlichste Teil der Bretagne trägt noch heute diesen Namen: Finistère.

Dessen westlichster Punkt ist die Pointe de Corsen. Davor liegen nur noch die Inseln Molène und Ouessant – und Amerika.

Der Küstenweg ist oft steil, steinig und schmal, jedoch immer gut zu finden. Die Aussicht ist spektakulär. Immer wieder haben Sie Zugang zu kleinen Badebuchten. Die nächste Erholungspause können Sie bei der Bank bei km 2,4 einlegen.

Dann erreichen Sie die Pointe de Corsen ❶ (km 2,6). Auf Emaille-Tafeln werden Ihnen die Extrempunkte der Bretagne, Frankreichs und Europas vorgestellt. Nachdem Sie die Aussicht genossen haben, wenden Sie sich in Richtung Inland und gehen auf die Ruine des alten Leuchtfeuers zu.

Die Küste westlich von Brest ist rau und schroff. Nach Stürmen schaukelt Meerschaum auf den Wogen des Mer d'Iroise. Auch ein paar Boote fahren vorbei, jedoch nicht viele und nur kleine Boote. Das hat einen Grund: Das Mer d'Iroise ist ein sehr schwer zu befahrendes Seegebiet – starke Strömung und unterseeische Klippen machen die Durchfahrt gefährlich. Deshalb müssen große Schiffe seit einigen Jahren außen um die vorgelagerten Inseln fahren. Die große Ölpest von 1978 steckt der Bevölkerung und der Natur immer noch in den Knochen. In der Folge rief man das Seegebiet zuerst zum Biosphärenreservat, dann zum Meeresnaturpark aus. Das ist auch gut so: Delfine, Robben, Fische und Vögel fühlen sich inzwischen wieder wohl. Überall entlang der Küste finden Sie Infotafeln zum Lebensraum oder auch wunderschöne Museen zum Thema.

Überqueren Sie den Parkplatz vor der Ruine nach links, dann finden sich die nächsten Wegmarkierungen. Nun laufen Sie wieder parallel zur Küste. Schon bald passieren Sie eine schöne Picknickbank (km 3,1), weitere Bänke folgen nun etwa im Kilometerabstand.

Ab hier gibt es immer wieder Wegabzweigungen hinunter zu schönen Badebuchten und Sandstränden.

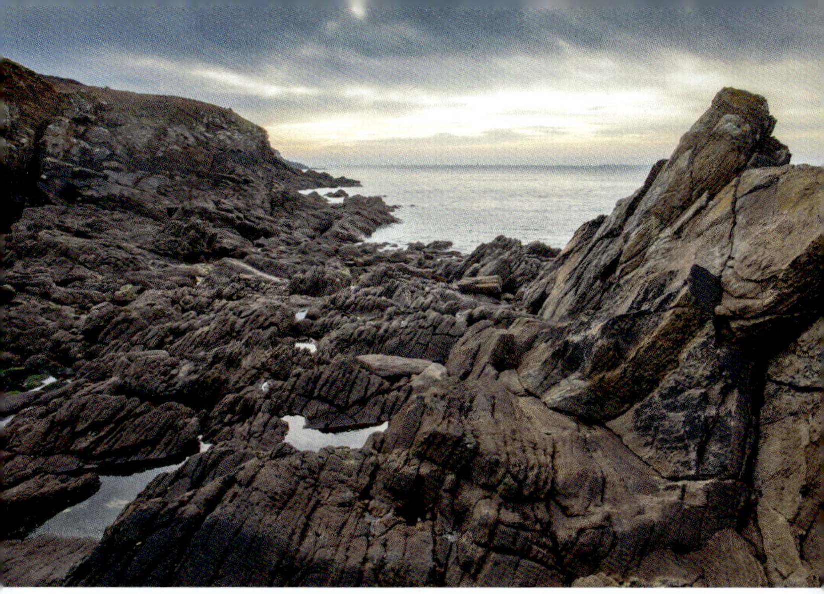

Felsige Küste

Mal über Treppen, dann wieder über einen Strand oder oben am Klippenrand entlang führt Sie der aussichtsreiche Weg. Bei km 3,9 wandern Sie bergab und vom Meer weg und erreichen nach ein paar Stufen einen Parkplatz. Hier befindet sich die 🍷 Bar la Miaou ❷, in der Sie sich erfrischen können.

🍷 Bar la Miaou, 40 Rue Des Iles, 29810 Plouarzel, ☏ 02 98/89 64 22, 🚪 15. Juni-30. Sep tägl. 9:00-22:00, in den restlichen Ferien Mi-Mo 9:00-22:00, Di 11:00-22:00, sonst Sa-Mo und Fei 9:00-22:00, Kaffee und kalte Getränke, Erdnüsse, Chips und Süßigkeiten

Zurück auf dem Weg überqueren Sie die Zufahrtsstraße zum Meer und finden hinter der Wegschranke die weiß-rote Markierung. Der Pfad läuft bald zwischen dem Uferstreifen zur Linken und der Landstraße zu Ihrer Rechten. In geringer Entfernung ziehen auch die Häuser und der Leuchtturm von Trézien an Ihnen vorbei. Dann macht die Straße neben Ihnen einen Rechtsknick. Sie bleiben jedoch weiterhin auf dem Wanderpfad geradeaus. Dieser mündet schließlich nach etwa 200 m in die Route de Porstevigné. Hier verlassen Sie den GR 34 nach rechts und gehen vorbei am Campingplatz (WC).

Gehen Sie nun ohne Wegzeichen bis zur nächsten Kreuzung und biegen Sie dort rechts in die Streat Lambaol ein. Gleich die nächste Straße, die nach links führt, ist die Route du Phare. Auf dieser gelangen Sie bis zum Leuchtturm ❸ (km 5,9).

Phare de Trézien, Route du Phare, 29810 Plouarzel, ☏ 02 98/38 30 72, pays-iroise.bzh/loisirs/patrimoine, phare.trezien@ccpi.bzh, 1. und 8. Mai sowie Juni und Sep jeweils Di 14:00-18:30, Juli-Aug tägl. 10:30-12:30 und 14:30-18:00, Besichtigung € 3,50, Kinder 5-11 Jahre € 1,50

Folgen Sie weiter der Route du Phare bis zur nächsten Kreuzung. Hier wenden Sie sich nach rechts und an der Route du Dorlan gleich wieder nach links. Sie lassen die letzten Häuser von Trézien hinter sich, Ihr Weg wird zum Feldweg. Nach dem Linksknick gelangen Sie zur Landstraße und überqueren diese.

Hier herrscht viel Verkehr! Verhalten Sie sich vorsichtig.

Ein paar Meter weiter rechts befindet sich der nächste Abzweig, der Sie von der Landstraße weg und zu einzelnen Bauernhäusern führt. Durch Felder erreichen Sie bei km 7 das ⌘ Steinkreuz Menez Kergador ❹. Der Weg macht eine scharfe Linkskurve und mündet in eine Straße. Gehen Sie weiter nach rechts und folgen Sie für kurze Zeit der gelben Markierung. Neben der ruhigen Straße fließt ein Bach. Es wird waldig und die Straße wechselt die Bachseite. Die Markierung führt Sie durch einen kleinen Ort. Nach dem letzten Haus wird die Straße zum Fußweg, der Sie durch die Bachaue führt. Schließlich gelangen Sie bei km 8,7 wieder zu einer Straße.

Folgen Sie dieser für 100 m nach links den Berg hinauf, nun wieder ohne Markierung. Noch bevor die Straße nach links abbiegt, finden Sie eine Holzschranke und dahinter einen Fußweg, der Sie im weiten Bogen am Klippenrand entlangführt. Halten Sie sich bei der ersten Gabelung links. Entlang einer dichten Hecke gelangen Sie zur nächsten Gabelung und nehmen den rechten Abzweig – direkt auf ein paar Häuser zu.

Schon nach weiteren 60 m gehen Sie nach links am Fahrbahnrand bergauf. Sie passieren die Villa Kerhornou. Noch in der Steigung zweigt nach scharf rechts der Chemin de la Vinotière ab. Folgen Sie diesem in einem Bogen weiter bergauf. Der Weg mündet in die Rue de Kerhornou. Hier wenden Sie sich nach rechts und gehen bis zum nächsten nach rechts führenden Abzweig, der Rue de Coatinzaos.

Die Straße führt Sie an weiteren Häusern vorbei, zunächst geradeaus, dann durch einen Schlenker. Nach dem letzten Haus biegen Sie rechts in den Chemin de la Chapelle ein. Nach etwa 130 m laufen Sie auf eine Gabelung zu. Hier entscheiden Sie sich für den rechten Weg bergauf. Sie durchqueren den Ort Kerichen. Ihr Weg endet an einer T-Kreuzung mit Blick aufs Meer. Hier halten Sie sich links. Immer in der Nähe des Meeres passieren Sie ein weißes Haus, das Sie im Uhrzeigersinn zur Hälfte umrunden. Nun gibt es für Sie wieder die gelbe Markierung. Der Wirtschaftsweg, dem Sie dabei folgen, ist holprig und führt bergab.

Bei km 11,3 stehen Sie an der ✝ Kapelle Locméven ❺. Eine Quelle entspringt hier und nährt einen Teich, wenige Schritte weiter bergab. Dann treffen Sie wieder auf den Küstenweg GR 34 (weiß-rot). Nach rechts wandern Sie ein paar Stufen steil bergauf. Entlang des Klippenkopfes, dann wieder in Meereshöhe führt Sie der Pfad bis zu einer Treppe (km 12,1), wo Sie eine Picknickbank finden. Gehen Sie hier abweichend von der Markierung weiter geradeaus. Durch den weißen Sand des Plage de Kerhornou gelangen Sie zu einem ins Meer fließenden Fluss. Hier wechseln Sie wieder vom Sandstrand auf den Uferweg und erreichen nach der Brücke den Parkplatz und das Ziel Ihrer Wandertour.

Am Pointe de Corsen

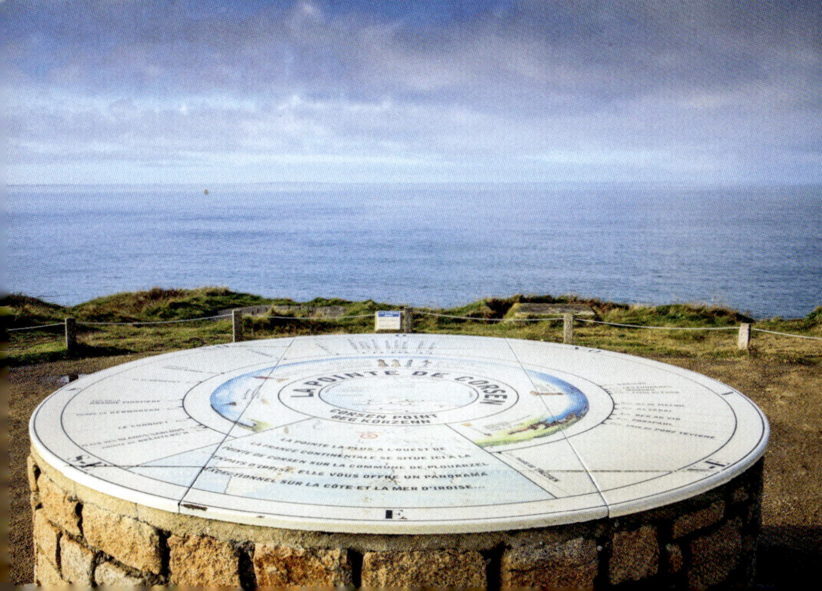

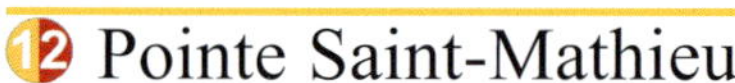

12 Pointe Saint-Mathieu

Tour für Kulturinteressierte

Im äußersten Südwesten des Finistère steht der mächtige Leuchtturm Phare Saint-Mathieu. Am östlichen Rand dieses Küstenabschnitts in Plougonvelin steht das Fort de Bertheaume. Die hier beschriebene Wanderung verbindet diese beiden Sehenswürdigkeiten über einen rauen Küstenweg, der mit etlichen kulturellen Besonderheiten aufwartet.

- Start/Ziel: Parkplatz vor der Abtei, Saint-Mathieu, GPS N 48°19.840‘ W 004°46.250‘
- 15,6 km
- 4 Std. 30 Min.
- 312 m/312 m
- 7-57 m
- weiß-rot (bis km 8,4), gelb (bis km 8,9), grüne Radwegmarkierung (ab km 10,9), dazwischen auch ohne Markierung
- Der Küstenweg ist z. T. steinig und holprig, dann folgen kaum befahrene asphaltierte Straßen und befestigte Wirtschaftswege.
- La Crêpe Dantel' am Start/Ziel, The Perzel Hut (km 8,3) und Einkehrmöglichkeiten in Plougonvelin (ca. 700 m vom Wanderweg entfernt); Quelle Fontaines Keryunan mit Trinkwasserqualität (km 10,8)
- Aussichtsbank bei km 7,8, Schutzhütte mit Bänken bei km 8,9 und Schutzhütte bei km 9,2
- Biohof Le Potager de Saint-Mathieu (km 13,6), weitere Einkaufsmöglichkeiten in Plougonvelin

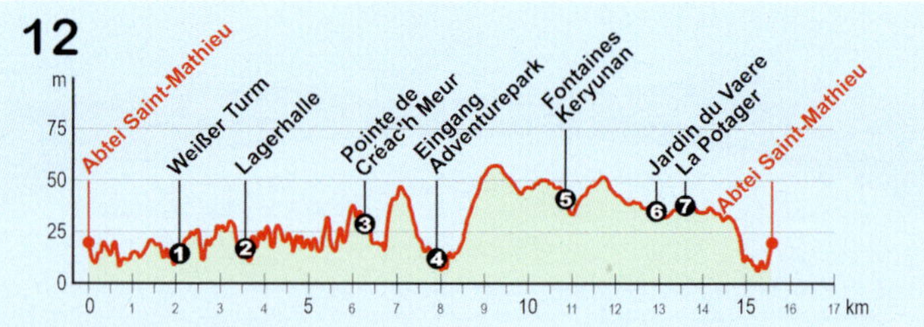

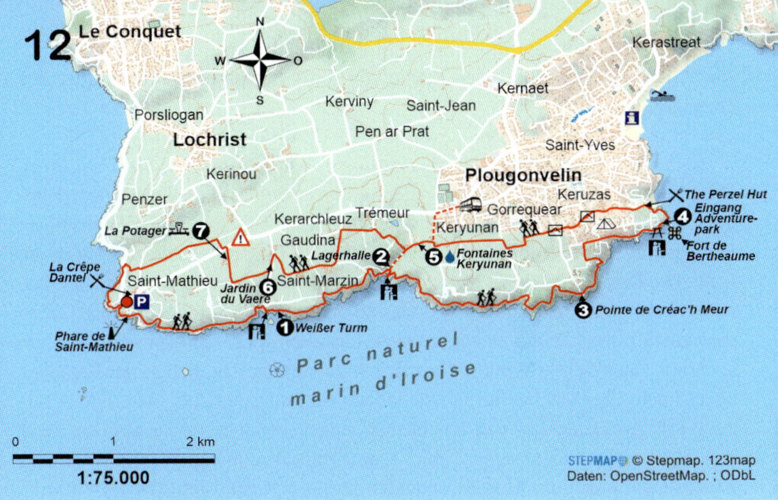

WC Badestrand mit WC bei km 8,3

Der Küstenweg erfordert schon eine grundlegende Trittsicherheit, sollte aber für Kinder keine großen Probleme darstellen. Neugierige Kinder werden hier auch einiges entdecken können und auf der Hälfte der Strecke wartet ein zum Baden einladender Strand.

für Kinderwagen ungeeignet

Der Weg ist für Hunde gut geeignet, wenn er auch einige steinige Passagen aufweist. Nehmen Sie ausreichend Wasser mit.

P am Start/Ziel, am Plage de Bertheaume (km 8,4)

Mit der Linie 11 (Le Conquet – Brest) fahren Sie nach Plougonvelin, Haltestelle „Stade“, mehrmals täglich. Von der Haltestelle laufen Sie auf der Rue Saint-Mathieu nach Westen und am Ortsausgang nach links in die Route de Keryunan und weiter bis zum Chemin de Kerbrat. Hier gehen Sie nach rechts und treffen auf den Wanderweg bei km 10,7 (560 m von der Haltestelle bis zur Wanderroute).

☺ Sie können die Wanderung in zwei Touren à 8,4 km (ab Saint-Mathieu) und 7,7 km (ab Plougonvelin) unterteilen.

Schon vor dem Beginn der Wanderung beginnt der Genuss bei dieser Tour: Vom Startpunkt aus sehen Sie bereits den Leuchtturm und die Ruine der Abtei. Nehmen Sie sich die Zeit und schauen Sie sich gründlich um!

☺ Falls Sie nur eine kleine Runde von 8,4 km gehen möchten, starten Sie ebenfalls von hier.

In der Bretagne gibt es viele Leuchttürme, buchstäblich wie Sand am Meer. Diese Türme, zumindest die bemannten, waren eingeteilt in die Kategorien „Himmel", „Hölle" und „Vorhölle". Der Leuchtturm Saint-Mathieu im gleichnamigen Dorf gehört zur Kategorie „Himmel". Zu dieser Gruppe zählen die Türme an Land. Die Besatzung konnte zwischendurch und nach Feierabend herauskommen, unter Leute gehen, einkaufen – was man so macht. In die Kategorie „Hölle" fallen die Leuchttürme, die auf einem winzigen Eiland im Meer standen. Zu klein, um auch nur einen Schritt vor die Tür machen zu können. Die Kategorie „Vorhölle" bezeichnete ebenfalls Inseltürme, die jedoch ein wenig Auslauf boten. Die Besatzung (oft zwei Leuchtturmwärter) blieben immer so lange, bis sie abgelöst wurden. Viele – vor allem in der „Hölle" – wurden schwermütig. Wenn Sie sich ein Bild machen möchten, was das bedeuten konnte, ist der Film „The Lighthouse" von 2019 eine Empfehlung – jedoch nichts für schwache Nerven!

Phare Saint-Mathieu, 29217 Plougonvelin, ☏ 02 98/89 00 17, pays-iroise.bzh/loisirs/patrimoine, phare.saint-mathieu@ccpi.bzh, Frühlingsferien tägl. 14:00-18:30, Mai Sa-So und Fei 14:00-18:30, letzte Maiwoche Do-So 14:00-18:30, Juni und Sep Mo-So 14:00-18:30, Juli-Aug tägl. 10:30-19:30, Allerheiligenferien tägl. 14:00-18:00, Novemberferien und Weihnachtsferien tägl. 14:00-17:30, 25. Dez und 1. Jan geschlossen, Besichtigung € 4, ermäßigt € 3,50, Kinder 5-11 Jahre € 2, Besichtigungen nur bei gutem Wetter, Einlass bis 30 Min. vor der Schließung

La Crêpe Dantel', 3 Place Saint-Tanguy La Pointe Saint Mathieu, 29217 Plougonvelin, ☏ 02 98/40 29 68, in der Saison Mi-Do 12:00-14:00 und 19:00-21:00, Fr 12:00-14:00 und 19:00-21:30, Sa 12:00-22:00, So 12:00-21:00, Crêpes süß und herzhaft sowie hausgemachtes Eis

Vom Parkplatz gehen Sie zunächst nach Osten und umwandern das Kloster und den militärischen Leuchtturm, immer entlang der Mauer. Sie befinden sich jetzt auf dem GR 34 mit der weiß-roten Markierung. Das Meer zu Ihrer Rechten ist nun Ihr ständiger Begleiter und der Ausblick ist meist spektakulär. Auf dem größten Teil der Wanderung finden Sie kleine Emaille-Tafeln, die die hier gesunkenen Schiffe aufzählen.

Sie passieren mehrere Bunkeranlagen und gelangen bei km 2 an einen Aussichtspunkt. Nach weiteren 100 m befindet sich links neben dem Weg ein weißer Turm ❶.

Bei diesem Turm handelt es sich um ein optisches Schifffahrtssignal. Vor der bretonischen Küste herrscht reger Schiffsverkehr – schon immer. Im Süden beginnt der Golf von Biskaya, im Norden grenzt das Land an den Ärmelkanal. Vor der Bretagne havarieren bis heute unzählige Schiffe. Die schwerwiegendste Katastrophe war die Havarie der Amoco Cadiz im Jahr 1978.

Der Morgen des 16.03.1978: Der Tanker soll Rohöl nach Rotterdam bringen. Ein technisches Problem zwingt das Schiff zur Kursänderung – näher zur Küste – damit die Schifffahrtsroute frei bleibt, während der Fehler behoben wird. Beim Wiedereinfädeln herrscht Gedränge, der Tanker kommt nicht richtig auf Kurs. Das bleibt so bis kurz vor Ouessant. Immer noch ist der Tanker zu nahe an der Küste. Dann fällt das Ruder aus, Sturm kommt auf, ein zu Hilfe eilender Schlepper ist nicht stark genug. Stärkere Schlepper erst viele Stunden später verfügbar.

Zusammen mit dem „schwachen" Schlepper versucht man, das Tankschiff von der Küste wegzuziehen. Trossen reißen, Anker halten das Schiff nicht. Schließlich läuft es auf Grund. Wegen Explosionsgefahr muss alle Elektronik abgeschaltet werden. Inzwischen ist es Nacht. Im Dunkeln geht das Rettungsboot verloren. Die Besatzung wird per Hubschrauber gerettet. Gegen Mitternacht bricht die Amoco Cadiz in drei Teile und 223.000 Tonnen Rohöl sowie der Schiffsdiesel laufen ins Meer. 350 km Küste werden verseucht.

Noch heute liegt das Wrack vor der Küste. Nicht alle Schiffsunglücke haben so schwere Folgen. Jedes Unglück ist jedoch immer eine persönliche Katastrophe für einzelne. Entlang der Küste finden sich immer wieder Schiffswraks. Einige davon verunglückt, andere abgestellt und sich selbst überlassen. Jedes für sich eine Mahnung.

Weiter verläuft Ihr Weg immer in der Nähe der Küste. Dabei befinden Sie sich zumeist weit oberhalb der schroffen Klippen. Bei km 3,6 umwandern Sie eine größere Bucht, an deren Ende Sie eine grüne Lagerhalle mit Stromleitungen darüber sehen. Von hier aus zweigt nach links eine Straße ab ❷.

☺ Falls Sie die kurze Runde ab Saint-Mathieu gehen möchten, biegen Sie hier links ab. Nach 250 m finden Sie links einen Wanderweg. Ein Holzpfahl trägt die gelbe und blaue Radwegmarkierung. Biegen Sie hier ein und folgen Sie der Wegbeschreibung weiter ab km 11.

Wenn Sie der ganzen Runde oder der kleinen Runde ab Plougonvelin folgen möchten, nehmen Sie weiter den Uferpfad, das Meer zu Ihrer Rechten. Sie steigen ein paar Stufen hinauf und gelangen an einen Aussichtspunkt (km 3,7). Zwischen Ginster, Eiche und Weißdorn, Grasnelke und Mittagsblume passieren Sie einen angestauten Weiher. Über Treppen geht es steil bergauf. Schließlich entdecken Sie bei km 6,3 an der Pointe de Créac'h Meur ❸ einen Gefechtsstand aus dem Zweiten Weltkrieg und den Zuweg dorthin.

Wenn Sie möchten, können Sie den Stand besichtigen. Der Weg dorthin ist mit Eisenstangen markiert, jedoch schwierig und steil. Sie benötigen daher Trittsicherheit und Schwindelfreiheit. Jüngere Kinder sollten Sie an die Hand nehmen.

Zurück auf dem Weg laufen Sie nun durch eine Linkskurve und können jetzt die Festungsruine Fort de Bertheaume sehen. Dann knickt der Weg nach links. Sie steigen in einem Hohlweg zwischen Privatgrundstücken bergan. Die Markierung lenkt Sie zur Rue de Poulizan, die bald in einen gut befestigten Wanderweg übergeht. Bei km 7,8 können Sie eine Rast einlegen. Die Aussichtsbank bietet einen tollen Blick auf die Festungsinsel und die Verbindungsbrücke zum Festland.

Sie wandern nun am Eingang zum Adventurepark ❹ (km 7,9) vorbei und unter einer Fußgängerbrücke hindurch. Der Weg knickt nach links ab, Sie gelangen zu einem schönen Sandstrand mit Kinderspielplatz, Picknickbank, WC, Imbissstand, Wandertafel und Parkplatz.

The Perzel Hut, Rue du Perzel, 29217 Plougonvelin, 07 67/96 90 40, variable Öffnungszeiten, Burger und Snacks, Strandbar, daher besonders geeignet für Kinder

Falls Sie die kurze Runde ab Plougonvelin gehen möchten, starten Sie ab hier.

Wenn Sie den Sandstrand geradeaus überqueren und die Stufen zum Uferweg hinaufsteigen, finden Sie rechts nach ca. 700 m verschiedene Lokale und nach 800 m das Touristenbüro von Plougonvelin. Dazu folgen Sie der weißroten Markierung bis zum großen Strand des Ortes.

Touristenbüro Plougonvelin, Boulevard de la Mer, 29217 Plougonvelin, 02 98/38 38 38, Mo-Sa 9:30-12:30 und 14:00-18:00

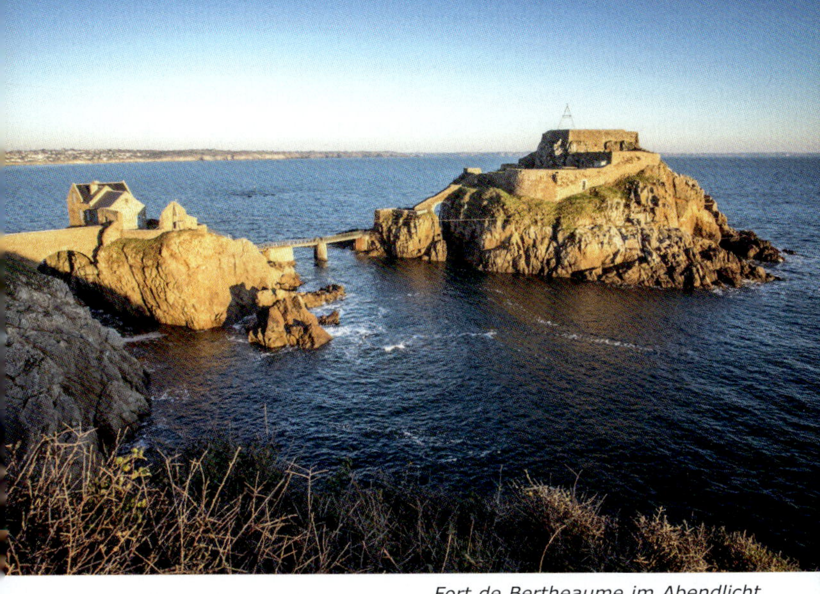

Fort de Bertheaume im Abendlicht

Weiter geht es für Sie nun ohne Wegmarkierung. Sie gehen auf einen Lagerplatz für alte Boote zu. Links daneben führt ein Wanderweg steil den Berg hinauf. Neben dem Weg sehen Sie eine Holztreppe, die zu einem weißen Verwaltungshäuschen führt. Gehen Sie den Wanderweg bergauf. Sie gelangen zu einer breiteren Kreuzung (km 8,9), auf der anderen Straßenseite befindet sich eine ⌂ Schutzhütte.

☝ Bitte seien Sie vorsichtig beim Überqueren der Fahrbahn!

Geradeaus setzten Sie Ihren Weg fort, nun mit dem Zeichen in Form des gelben Streifens. Eine weitere ⌂ Schutzhütte befindet sich bei km 9,3 auf Ihrem Weg. Bisher sind Sie ruhige Nebenstraßen entlanggelaufen, nun geht die Straße in einen Feldweg über. Dann erreichen Sie bei km 9,9 eine T-Kreuzung.

☝ Die gelbe Markierung führt Sie nach links. Gehen Sie dennoch nach rechts und bei der nächsten Gelegenheit nach links. Für eine Weile gibt es keine Markierung.

Immer geradeaus durch Felder gelangen Sie zu ein paar Wohnhäusern und danach zu einer T-Kreuzung, an der Sie nach rechts ins Dörfchen Keryunan abbiegen. Schon bei den ersten Häusern wenden Sie sich wieder nach links und verlassen den Ort Richtung Lavoir de Kerbrat. Nach 100 m finden Sie links des Weges die Quelle Fontaines Keryunan ❺ (km 10,8). Nach weiteren 180 m biegen Sie nach rechts in einen ansteigenden Wanderweg ab. Ein Holzpfahl mit gelber und blauer Radwegmarkierung weist Ihnen den Weg.

☺ Hier mündet bei km 11 die Abkürzung ein, falls Sie die kurzen Runden gehen möchten.

Der Weg verläuft auf und ab, wird zum Hohlweg und läuft auf einzelne Häuser zu. Vor dem ersten Haus geht es nach links. Nun können Sie dem grünen Fahrradzeichen folgen. Wieder geht es über einen holprigen Feldweg und auf weitere Häuser zu. Sie passieren die Weiler Kerarchleuz, Gaudina und Saint-Marzin. Dann macht der Weg einen Rechtsknick. Vor dem nächsten Dorf biegen Sie scharf links ab. Die grüne Markierung ist zwar vorhanden, kann jedoch leicht übersehen werden. Bei km 12,9 erreichen Sie den Jardin du Vaere ❻, einen putzigen Gemeindepark, den Sie sich anschauen sollten.

Folgen Sie der grünen Markierung nach rechts. Sobald Sie bei den nächsten Häusern auf die Zufahrtsstraße treffen, verlassen Sie die Wegführung und biegen stattdessen nach rechts ab. Bevor Sie die Landstraße erreichen, kommen Sie an einem Biohof ❼ vorbei.

Biohof Le Potager de Saint-Mathieu, Kerveur, 29217 Plougonvelin,
06 77/78 67 64, lepotagerdesaintmathieu.fr,
Fr 16:00-19:00 oder auf Anfrage, Obst und Gemüse

Hinter dem Biohof überqueren Sie die Rue Saint-Mathieu. Etwas weiter links finden Sie einen Feldweg, der rechts von der Fahrbahn abzweigt. Bei nächster Gelegenheit wenden Sie sich nach links und gehen am Militärmuseum vorbei (km 14,2). Geradeaus erreichen Sie zunächst eine Nebenstraße (Route de Lochrist), die Sie überqueren und dann – über einen Trampelpfad – die Landstraße D85. Auf der anderen Straßenseite überqueren Sie einen kleinen Parkplatz und befinden sich wieder auf dem Küstenweg, dem Sie nach links folgen. Sie umwandern einen Aussichtspunkt und das Mahnmal Mémorial National des Marins morts pour la France und gelangen wieder zu Ihrem Ausgangspunkt, dem Parkplatz an der D85.

13 Pointe de Pen Hir

Tour für Liebhaberinnen und Liebhaber von steilen Kalkklippen und Heidelandschaften

Wie ein Krake rekelt sich die Halbinsel Crozon in die Bucht von Brest. Ihre Tentakel zeigen mit die eindrücklichsten Landschaftsformen, die die Bretagne zu bieten hat. Die Wanderung zur Pointe de Pen Hir ist entsprechend beliebt. Meiden Sie daher möglichst die Wochenenden und die Hauptferienzeit. Ansonsten freuen Sie sich auf einen abwechslungsreichen Wanderspaß.

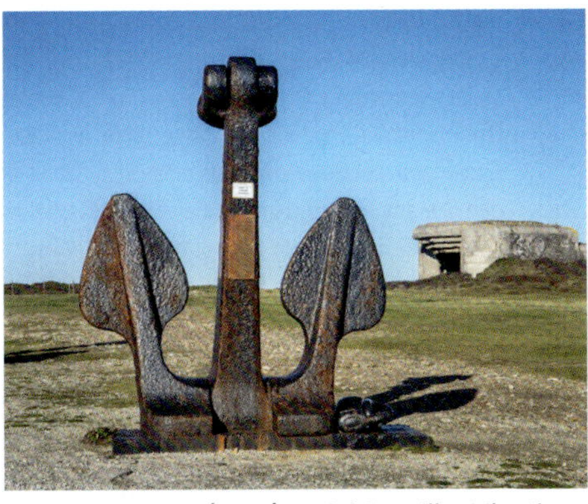

Am Musée mémorial Bataille Atlantique

- Start/Ziel: Parkplatz am Denkmal Croix de Pen Hir, GPS N 48°15.510' W 004°37.295'
- 12,1 km
- 3 Std. 30 Min.
- 285 m/285 m
- 7-58 m
- weiß-rot entlang der Küste, sonst ohne Markierung
- schmale, z. T. steinige Wanderwege und ruhige, asphaltierte Nebenstraßen
- Einkehrmöglichkeiten abseits des Weges in Camaret-sur-Mer (km 6,3), Bistro Chez Germaine (km 10,6)
- Bänke bei km 2,9, km 4,7, km 6,1 und Picknickbänke bei km 10,5
- Einkaufsmöglichkeiten abseits des Weges in Camaret-sur-Mer (km 6,3)
- WC Toilette im Touristenbüro in Camaret-sur-Mer (1A Rue des Quatre Vents, Juli-Aug Mo-Sa 9:30-13:00 und 14:00-18:30, So 10:00-13:00, April-Juni und Sep-Okt Mo-Sa 9:30-12:00 und 14:00-18:00, Nov-März Mo-Sa 9:30-12:00 und 13:30-17:30 (Do nachmittags geschlossen))

Die Wanderung wartet mit moderaten Schwierigkeiten auf und ist auch für Kinder gut zu bewältigen. Die Gegend ist so vielfältig, dass auch Kinder einiges entdecken können.

Die Tour ist für Kinderwagen ungeeignet.

Die Tour ist für Hunde gut geeignet. Ausreichend Wasser mitnehmen!

P am Start/Ziel

Mit der Linie 34 (Brest – Camaret-sur-Mer) fahren Sie nach Camaret-sur-Mer, Haltestelle „Camaret-Le Port", mehrmals täglich. Von der Haltestelle gehen Sie immer am Quai Gustave Toudouze entlang, dann am Qaui du Styvel und durch die Straße Esplanade Jim Sévevellec, bis diese sich nach links vom Meer abwendet. Ab hier folgen Sie ansteigend dem Sentier Cotier, bis bei zwei hölzernen Toren links ein Weg einmündet. Hier treffen Sie auf den Wanderweg (bei km 6,3) und wenden sich nach links (ca. 1 km von der Haltestelle bis zur Wanderroute).

Ihre Wanderung beginnen Sie am P Parkplatz und gehen zunächst zum ⌘ Denkmal Croix de Pen Hir. Sie haben einen schönen Blick auf die Erbseninseln (Tas de Pois). Wenden Sie sich nun nach rechts und folgen Sie dem Uferweg (GR 34, weiß-rot). Schon bei km 1,4 stehen Sie am ⌘ Militärmuseum ❶, das in einem Gefechtsstand aus dem zweiten Weltkrieg untergebracht ist.

⌘ Musée mémorial Bataille Atlantique, La Batterie de Kerbonn, 29570 Kerbonn, ☏ 02 98/27 92 58, museedupatrimoine.fr, in den Ferien tägl. 10:00-19:00, Geschichte des Westwalls aus bretonischer Sicht

Wechseln Sie ab hier zu der Markierung mit dem gelben Punkt. Es geht eine schwierige Felsstufe hinauf. Danach wird der Weg wieder einfacher und Sie laufen auf eine Hausruine ❷ zu. Diese erreichen Sie bei km 2,3.

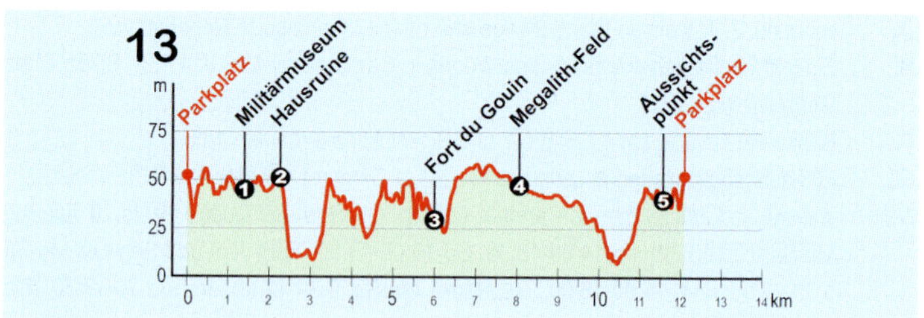

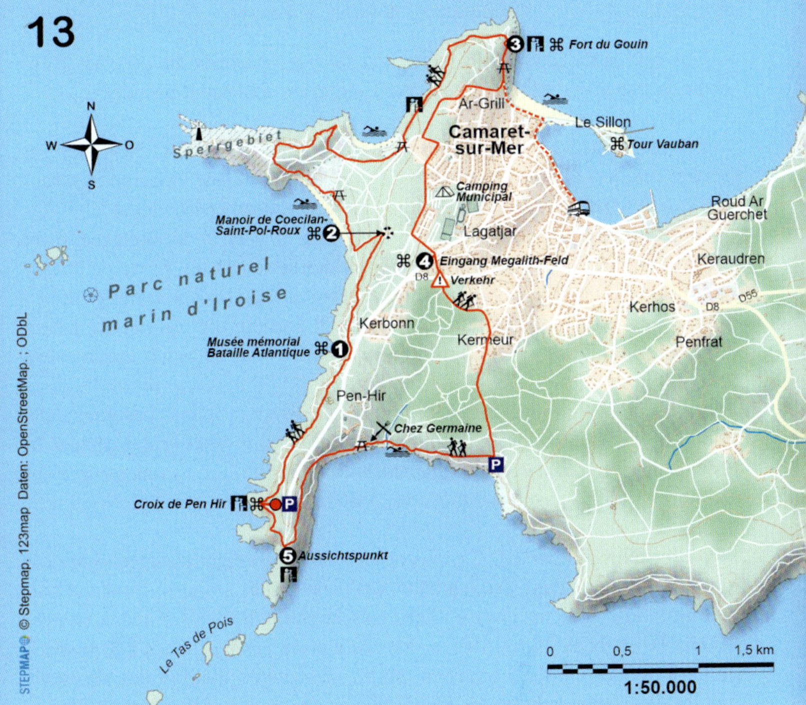

Das Manoir de Coecilan-Saint-Pol-Roux war der Wohnsitz des französischen Künstlers Saint-Pol-Roux, der eigentlich Pierre Pol-Raux hieß. Der sichtlich erfolgreiche Dichter kaufte 1903 ein Fischerhaus, das an dieser Stelle stand, und baute es zu einem Herrenhaus mit acht Türmen aus. Er nannte das Haus zunächst Manoir du Boultous, als sein Sohn Coecilan im Jahr 1914 starb, nannte er es in den heute bekannten Namen um. Hier empfing er viele Kunstschaffende seiner Zeit.

Mit der Ruine im Rücken geht es für Sie nun ohne Markierung den undeutlichen Fußpfad bergab. Nach 250 m treffen Sie wieder auf den GR 34 und setzten die Wanderung nach rechts fort. Auf einer ⛩ Bank neben einer Infotafel (km 2,9) können Sie eine kurze Rast einlegen. Von hier aus gehen Sie ein kleines Stück auf den Parkplatz und finden zur Linken wieder die weiß-rote Markierung.

Erst mild ansteigend, dann steiler und steiniger gelangen Sie zu einer Wegschranke, hinter der sich die Straße zur Landzunge Toulinguet befindet.

Die Landzunge ist militärisches Sperrgebiet und kann daher nicht besucht werden. Auf dem Gelände befinden sich ein Leuchtturm, eine moderne Signalanlage für die Schifffahrt und eine Festung, die von Vauban errichtet wurde.

Dem Namen Vauban werden Sie in Frankreich, so auch in der Bretagne, recht häufig begegnen. Gilt er doch als ein Meister des Festungsbaus. Er wurde im Jahr 1633 als Sébastien Le Prestre de Vauban geboren. Mit 18 Jahren trat er in den militärischen Dienst ein. Dort machte er rasch Karriere. Bereits mit 22 Jahren wurde er zum Ingénieur ordinaire du roi ernannt. In der Folgezeit wurde er ein Spezialist in der Belagerung feindlicher Städte.

Nach der erfolgreichen Belagerung von Lille wurde er damit beauftragt, die Stadt als Festung auszubauen. Damit begann seine Karriere als Festungsbauer. In seiner 56-jährigen militärischen Laufbahn hat er 33 neue Festungsanlagen geplant und war bei 160 Anlagen an Um- oder Ausbaumaßnahmen beteiligt.

Weiter führt Sie der GR 34 entlang der alten Befestigungsanlage, dann ein kurzes Wegstück entlang der Fahrbahn, um dann wieder zwischen Farnkraut und niedrigem Buschwerk auf einen Fußpfad zu schwenken. Bei km 4,8 finden Sie eine weitere Sitzbank. Noch 300 m und Sie können einen schönen Ausblick auf ein Felsentor im Meer genießen. Vorbei an weiteren Bunkern des Westwalls läuft Ihr Weg immer in Nähe des Klippenkopfes. Sie biegen nach rechts ab. Camaret-sur-Mer breitet sich vor Ihnen aus und Sie erreichen das ⌘ Fort du Gouin ❸, das heute als Aussichtsturm genutzt wird.

Für 60 m folgen Sie nun der Straße bergab, dann zweigt nach links ein Fußweg ab. Schon nach ein paar Schritten finden Sie eine Aussichtsbank (km 6,2). Noch einmal 150 m und Sie erreichen eine Straße, die von hier nach rechts bergauf führt. Verlassen Sie den GR 34 in diese Richtung.

☺ Folgen Sie weiter dem Uferweg und der bisherigen Markierung, dann gelangen Sie nach Camaret-sur-Mer, wo unzählige Lokale im Hafen auf Sie warten.

Ohne Wegmarkierung laufen Sie nun am Ortsrand entlang. Zunächst geradeaus bergauf, dann bei Haus Nr. 10 nach links und bei der nächsten Gabelung wieder nach rechts bergauf. Diese Straße mündet in die Rue du Toulinguet.

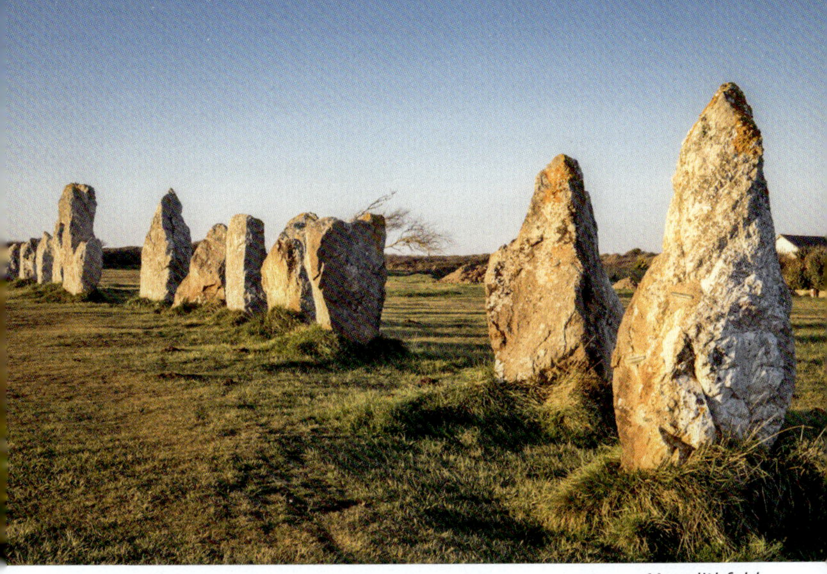

Megalithfeld

Hier biegen Sie nach rechts ab. Gleich bei nächster Gelegenheit gehen Sie nach links in die Rue Saint-Rioc. Sie passieren einen Campingplatz. Sobald Sie rechts neben sich die Ruine des Manoir de Coecilan-Saint-Pol-Roux sehen, biegen Sie nach links in die Rue Georges Ancey ein. Rechts neben sich sehen Sie bereits ein großes ⌘ Megalithfeld ❹ (☞ Tour 18). Den Eingang zum Feld (km 8,1) finden Sie, wenn Sie an der nächsten Kreuzung nach rechts abbiegen.

Kehren Sie vom Eingang des Feldes zur letzten Straßenkreuzung zurück und wenden Sie sich nun nach rechts in die Rue des Menhirs. Nach 150 m gelangen Sie zur Straße D8.

✋ Achtung, die Straße ist viel befahren. Beachten Sie das, während Sie diese überqueren.

Auf der anderen Straßenseite gehen Sie geradeaus weiter in die Rue du Kreisker. Am Stoppschild wenden Sie sich nach rechts und an der nächsten Gabelung nach links. Sie folgen nun der Route de Lamzoz bis zu einem Parkplatz (km 9,7). Am Ende des Parkplatzes nach rechts finden Sie erneut die weiß-rote Markierung, der Sie nun bis zum Ende der Tour folgen können.

Links neben Ihnen glitzert das Meer, vor Ihnen tauchen ein Sandstrand und einzelne Häuser auf. Eines davon ist das Bistro Chez Germaine (km 10,6). Hier finden Sie ebenfalls eine Picknickbank.

Chez Germaine, Pointe de Pen Hir, 29570 Veryac'h, 02 98/73 37 50,
facebook.com/LeVeryach, leveryach@gmail.com,
April-Okt Fr-So 12:00-1:00, Crêperie und Konzerte

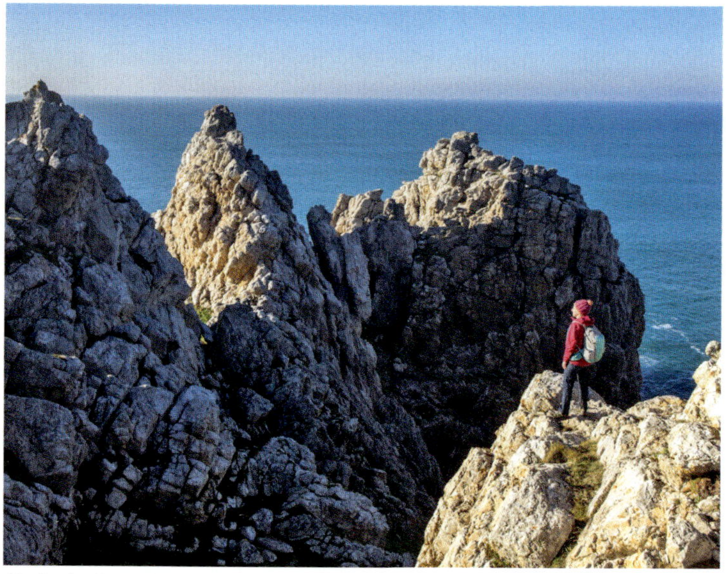

Croix de Pen Hir

Ihr Weg verläuft über den Parkplatz. Dort findet sich auch die nächste Wegmarkierung. Auch auf dem kommenden Kilometer ist die Markierung etwas lückenhaft. Halten Sie sich einfach an den breitesten Weg in Klippennähe. Schließlich mündet der schwierige Pfad in einen großen Aussichtsplatz mit Fernrohren ❺. Sie befinden sich an der äußersten Südspitze der Wanderung und schauen nun direkt auf die Erbseninseln.

Wenden Sie sich um, dann verläuft dort die Straße, links daneben führt Sie der GR 34 zurück zum Parkplatz, von dem aus Sie gestartet sind.

14 Pointe du Van

Tour für Liebhaberinnen und Liebhaber von alten Mühlen, bretonischen Kapellen und steilen Küsten

Das Landschaftsbild des Finistère ist auch für die Halbinsel Cap Sizun typisch. Alte Reiseführer aus den 1970er-Jahren berichten davon, dass die Bewohnerinnen und Bewohner wegen Armut steuerbefreit seien. Denn außer von Windschur gekrümmten Bäumen und karger Heide gäbe es hier nichts. Nur den ein oder anderen Strand und schroffe Granitklippen. Besondere Erwähnung hätten lediglich die dort kultivierten Erdbeeren verdient. Das sahen und sehen Reisende inzwischen anders. Und der Reiz der Landschaft wird auch Sie verzaubern. Versprochen!

Start/Ziel: „Mühlen-Parkplatz" an der D7, Trouguer, GPS N 48°03.470‘ W 004°42.000‘

11 km

3 Std.

360 m/360 m

7-77 m

weiß-rot auf dem Küstenweg und gelbe Streifen

Der Küstenweg ist z. T. felsig und schmal, ansonsten gut begehbare Wege, Wirtschaftswege und wenig befahrene asphaltierte Nebenstraßen.

Au Pilleur d'Epaves (300 m vom Start/Ziel entfernt)

Bänke bei km 4,7, km 5,6 und Picknickplatz bei km 5,7

Badestrand bei km 4,7

WC am Maison de la Pointe du Van (km 0,8) und am Relais de la Pointe du Van (km 4,8)

Kinder werden diese Wanderung ohne große Probleme bewältigen können. Auf der ganzen Tour gibt es für sie viel Interessantes, wie das Mühlenmuseum, zu sehen.

Die Tour ist für Kinderwagen nicht geeignet.

Der Küstenabschnitt ist auch hier wieder recht felsig, aber nicht sonderlich schwer zu bewältigen. Nehmen Sie genug Wasser für Ihr Tier mit.

P am Start/Ziel und Parking Pointe du Van (km 0,8)

keine Busverbindung vorhanden

Die einzige Einkehrmöglichkeit in der Nähe finden Sie, wenn Sie an der D7 am Mühlenmuseum vorbei etwa 300 m geradeaus Richtung Pointe du Van gehen.

Au Pilleur d'Epaves, 4 Lieu-dit Trouguer, 29770 Cléden-Cap-Sizun,
02 98/53 18 45,
facebook.com/Au-pilleur-d%C3%A9paves-471720743342709/,
in der Saison Fr-Di 11:00-23:00, bretonische Küche

Starten Sie die Wanderung auf dem schräg über den P Parkplatz verlaufenden Fußweg, der direkt auf die ⌘ Mühlen zuläuft. Schon nach knapp 100 m können Sie zwischen den Mühlen umhergehen oder sich im Infozentrum umsehen.

☹ Die Mühlen können leider nicht von innen besichtigt werden, Sie können sie jedoch jederzeit von außen erkunden.

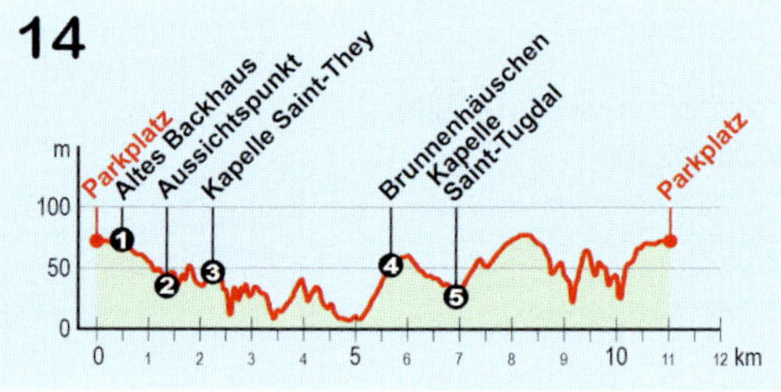

Neben dem Infogebäude verlassen Sie das Museumsgelände und wenden sich nach rechts. Richten Sie sich nach dem Wegzeichen mit dem gelben Streifen. Dieser leitet Sie bei erster Gelegenheit nach links auf einen Feldweg in Richtung eines kleinen Hauses ❶ (km 0,5). Hierbei handelt es sich um das alte Backhaus des Weilers Keriolet. Hier gehen Sie nach links.

Vorbei am Maison de la Pointe du Van (km 0,8, WC, P) erreichen Sie den Küstenweg und wechseln zu der weiß-roten Markierung des GR 34. Mit dem Meer auf der rechten Seite geht es nun immer an der Küste entlang. Dabei erreichen Sie den Landzipfel Pointe du Van, wo Sie nach 1,3 km ein Aussichtspunkt ❷ erwartet. Nach 400 m gibt es einen weiteren Aussichtspunkt.

Am Abzweig zum zweiten Aussichtspunkt fällt Ihnen vielleicht die runde Holzplattform am Boden auf. Hier stand einmal eine der Windmühlen aus dem Museum.

Der Weg führt Sie zur ✝ Kapelle Saint-They ❸ (km 2,3). Links neben der Kapelle sehen Sie etwas, das wie eine Minikirche aussieht, ein Quellenheiligtum. Immer auf dem küstennächsten Weg passieren Sie bei km 2,5 ein weiteres Quellenhäuschen. Diese Quelle ist St. They geweiht.

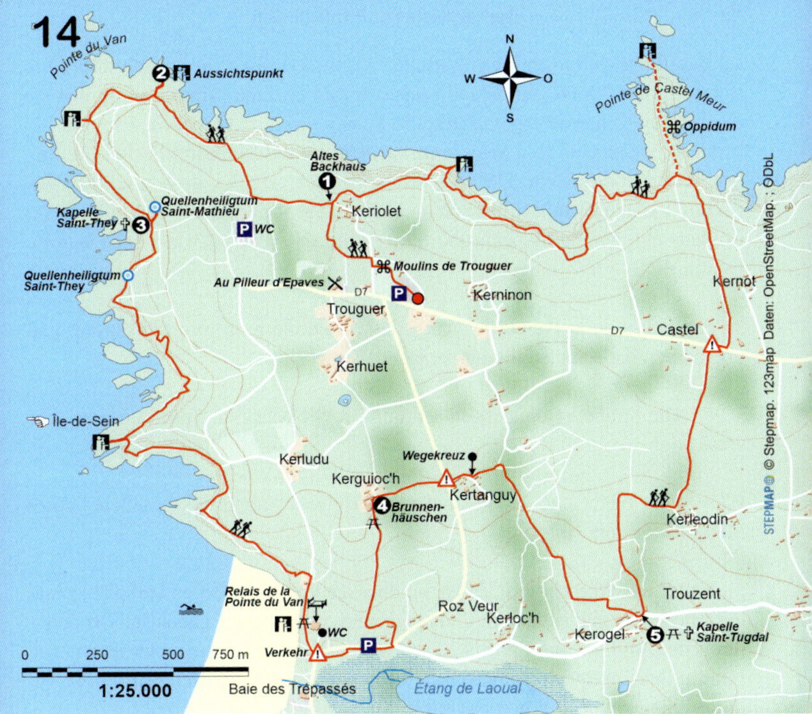

Es geht steil bergab und wieder bergauf, immer wieder haben Sie einen atemberaubenden Ausblick auf das Meer, die Felsklippen und weiter draußen auf die Île-de-Sein. Bei km 3,4 gelangen Sie zu einem weiteren Aussichtspunkt. Dann führt bald der Weg hinunter zu einer Anlegestelle. Weiter der Markierung folgend gehen Sie eine Zufahrtsstraße entlang und wechseln bald wieder auf den Uferpfad. Schon kommt der Sandstrand der Baie des Trépassés in den Blick. Bei km 4,7 können Sie den Ausblick von der Aussichtsbank aus bewundern.

Surferinnen und Surfer tummeln sich in der Baie des Trépassés, der „Bucht der Verschiedenen“. Woher diese Bezeichnung stammt, ist nicht ganz geklärt. Eine Quelle behauptet, dass die Kelten von hier aus allgemein ihre Toten zur Île de Sein übersetzten – eine andere meint, dass es ihre verstorbenen Druiden waren. Wieder andere Quellen besagen, dass die Seelen der Verstorbenen hier auf das Totenschiff ins Jenseits warteten – gewissermaßen ein postmortaler Taxistand. Zudem könnte der Strand seinen Namen erhalten haben, weil an ihm oft die Leichen Schiffbrüchiger angespült wurden. Und zuletzt wird vermutet, es könne sich auch um einen Sprachwitz handeln. Ein unscheinbarer Bach fließt über den Strand in die Bucht. Die bretonische Bezeichnung Boe an aon („Bucht des Baches") könnte demnach zu Boe an anaon („Bucht der Seelen in Not") verulkt worden sein. Für Surferinnen und Surfer wäre das vermutlich die angenehmste Deutung.

Am Relais de la Pointe du Van verlassen Sie die weiß-rote Markierung und überqueren die Hauptstraße hin zu einer Wegschranke.

✋ Die Straße ist unübersichtlich und oft viel befahren. Seien Sie bitte sehr vorsichtig!

WC Eine öffentliche Toilette befindet sich vom Strand aus gesehen wenige Meter hinter dem Hotel.

Hinter der Wegschranke laufen Sie über die Wiese, vorbei an Parkplätzen auf der einen Seite und entlang des Sumpfgebietes des Étang de Laoual auf der anderen Seite. Am Ende der Parkplätze sehen Sie auf der anderen Straßenseite einige Häuser. Dort zweigt eine Einfahrt ab, die mit dem gelben Streifen markiert ist. An diesem können Sie sich nun orientieren.

Die Einfahrt mündet in einen Wiesenweg, bergauf geht es durch ein bewaldetes Tal, vorbei an Heide und Steinmauern bis in den hübschen Ort Kerguioc'h. Dort finden Sie eine ⚲ Bank (km 5,6) und ein Brunnenhäuschen ❹ mit einer Pferdetränke bei einer ⚲ Picknickbank (km 5,7).

Die Markierung führt Sie aus dem Ort Richtung Landstraße, ✋ die Sie bei km 6 überqueren. Geradeaus gelangen Sie nach Kertanguy. In der Dorfmitte erreichen Sie ein Wegekreuz, links daneben folgen Sie dem Wirtschaftsweg. Idyllisch umgibt Sie Wald und Heide, ein Bach plätschert neben dem Weg. Entlang einer Steinmauer und einer Reihe Zypressen gelangen Sie zu einem schmalen Pfad. Dieser endet im Dorf Kerogel an der ✝ Kapelle Saint-Tugdal ❺ (km 6,9). Gegenüber der Kapelle befindet sich eine ⚲ Picknickbank.

Die nächste Markierung finden Sie, wenn Sie die Straße links neben der Kapelle hinaufgehen. Sobald Sie das Dorf hinter sich lassen, beginnt ein lehmiger Feldweg. Nach der Rechtskurve erblicken Sie bereits das nächste Dorf: Kerleodin.

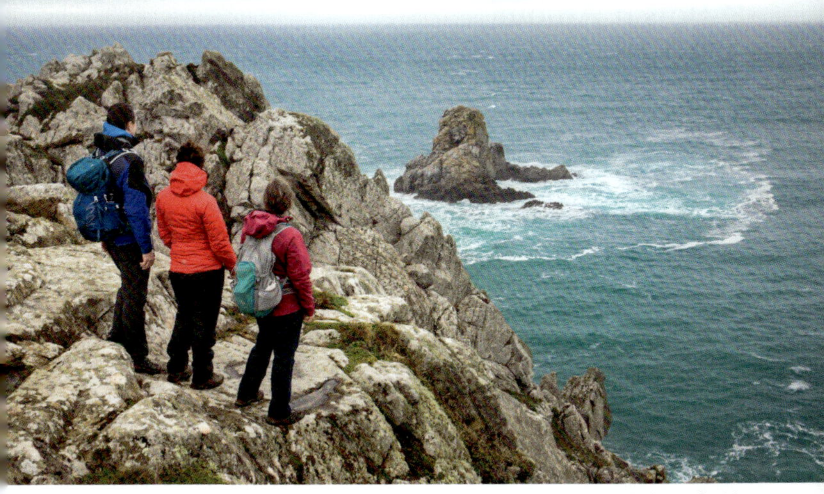

Am Pointe du Van

Von hier aus erreichen Sie die Landstraße D7, die Sie wiederum äußerst vorsichtig kreuzen (km 8,1). Etwa 100 m rechts sehen Sie das Schild „Pointe du Castel Meur", das in eine Nebenstraße weist. Hier finden Sie ebenfalls die gelbe Markierung. Immer geradeaus gehend treffen Sie schließlich bei km 8,7 wieder auf den GR 34, dem Sie nun nach links folgen.

Schon nach 100 m entdecken Sie rechts einen deutlichen – jedoch arg zugewachsenen – Pfad, der auf die Landzunge zur Pointe du Castel Meur führt. Der Abstecher lohnt sich, da die Aussicht wirklich großartig ist. Mit viel Fantasie entdecken Sie vielleicht auch die Spuren eines vorrömischen ⌘ Oppidums, das hier einmal gestanden hat.

Immer auf dem Pfad, der den Klippen am nächsten ist, passieren Sie bei km 10,1 einen weiteren Aussichtspunkt. Danach knickt der Weg nach links ab und gabelt sich. Wählen Sie hier den linken Abzweig mit der gelben Markierung, auf die Sie nun wieder wechseln. Sie gehen vorbei am Weiler Keriolet, erreichen das Backhaus vom Anfang der Runde und gehen auf dem bekannten Weg zum Ausgangspunkt zurück.

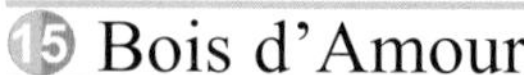

15 Bois d'Amour

Tour für Flussliebhaberinnen und Flussliebhaber

Das Dorf Pont-Aven wäre ohne Gauguin vermutlich nur ein bretonisches Nest – wenngleich ein sehr ansprechendes. Dank Gauguin und der anderen impressionistischen Künstler, die hier „das Ursprüngliche“ suchten, taucht Pont-Aven in jedem Reiseführer über die Bretagne auf und ist unter Reisenden ein Muss. Anders sieht es außerhalb des Dorfes aus. Eine zauberhafte Landschaft öffnet sich Ihnen. In der Nebensaison haben Sie diese mit Sicherheit (fast) für sich alleine.

- Start/Ziel: Parkplatz Rue du Bois d'Amour, Pont-Aven, GPS N 47°51.425' W 003°44.775'
- 7,1 km
- 2 Std.
- 117 m/117 m
- 18-80 m
- am Fluss ohne Markierung (bis km 2,6), danach gelber Balken
- breite Wanderwege mit Waldboden, befestigte Forstwege und wenig befahrene Nebenstraßen
- zahlreiche Einkehrmöglichkeit in Pont-Aven
- Es befindet sich eine Bank am Ende der Wanderung bei km 6,9.
- Einkaufsmöglichkeiten in Pont-Aven
- Die Wanderung stellt keine besonderen Anforderungen an Kinder. Bachlandschaften sind für Kinder sicherlich immer interessant.
- Der Weg ist für Kinderwagen geeignet.
- Gerade der erste Teil der Wanderung – am Fluss entlang – ist sicher ein Vergnügen für Ihr Tier, denn es gibt jederzeit einen einfachen Zugang zum Wasser. Für die zweite Weghälfte sollten Sie etwas Trinkwasser mitnehmen.
- Parkplatz am Start/Ziel
- Mit der Linie 43 (Quimper – Concarneau – Pont-Aven) fahren Sie nach Pont-Aven, Haltestelle „Centre“, 2-mal täglich. Von der Haltestelle gehen Sie über die Brücke und nach rechts weiter in die Rue Émile Bernard. Biegen Sie in die Rue du Bois d'Amour ein und laufen Sie weiter bis zum Parkplatz, dem Start der Wanderung (300 m von der Haltestelle bis zum Startpunkt).

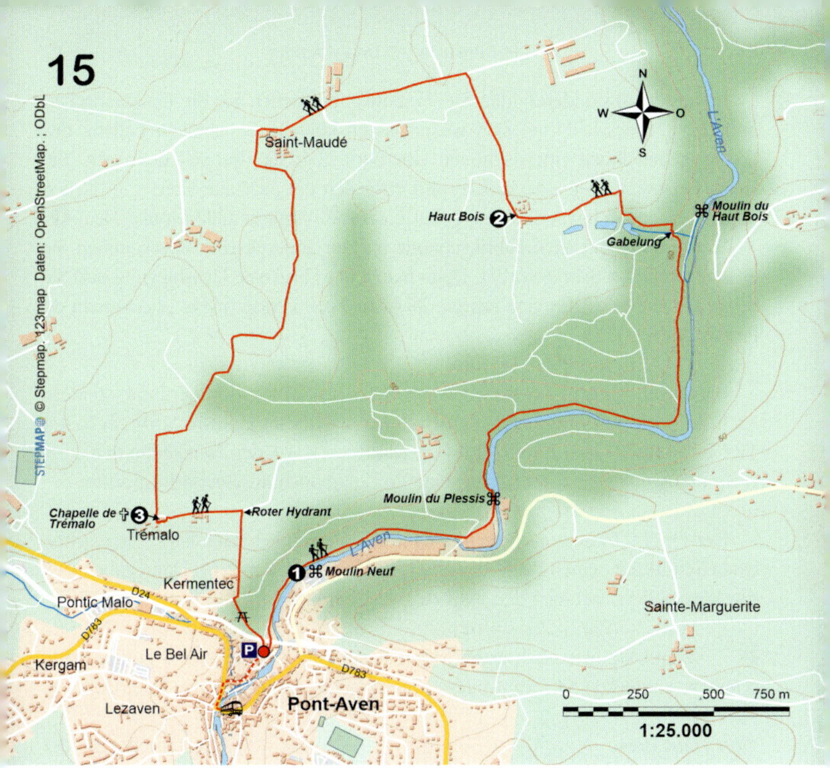

15

Saint-Maudé
Haut Bois ❷
Moulin du Haut Bois
Gabelung
L'Aven
Chapelle de Trémalo ❸
Trémalo
Roter Hydrant
Moulin du Plessis
L'Aven
❶ Moulin Neuf
Kermentec
Pontic Malo
D24
D783
Le Bel Air
Kergam
Lezaven
Pont-Aven
D783
Sainte-Marguerite
0 250 500 750 m
1:25.000

STEPMAP © Stepmap, 123map Daten: OpenStreetMap, ; ODbL

Der P Parkplatz am Beginn der Wanderung befindet sich oberhalb des Flusstals und auf etwa gleicher Höhe mit der Brücke über den Aven. Schauen Sie in Talrichtung, dort beginnt ein Fußweg, der unter der Brücke und am Flussufer entlangführt. Das ist Ihr Einstieg in die Tour. Sie gehen zunächst ohne Wegmarkierung immer am Ufer entlang.

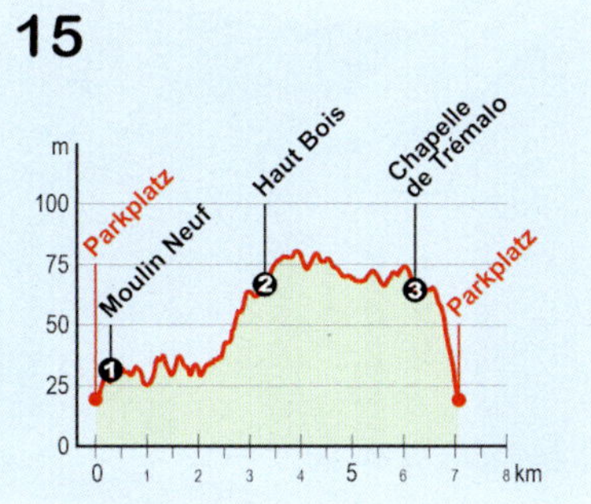

In kurzen Abständen finden Sie Ѫ Bänke, auf denen Sie die Flusslandschaft und den „Liebeswald" auf sich wirken lassen können. Schautafeln entlang des Weges geben Ihnen einen schönen Überblick über die Tierwelt des Aven. Bei km 0,3 passieren Sie eine Brücke und erreichen ein paar alte Häuser, zwischen denen Sie hindurchgehen. Diese gehörten zur ⌘ Wassermühle Moulin Neuf ➊.

Vorbei an einem alten Fabrikgebäude auf der anderen Uferseite kommen Sie an einer weiteren Brücke vorbei. Dann macht der Fluss eine Linksbiegung und Sie sehen am anderen Ufer eine weitere ⌘ historische Wassermühle, die Moulin du Plessis (km 1,1).

Pont-Aven ist nicht nur wegen seines Rufes als Künstlerdorf berühmt, sondern auch für seine Keksspezialität, den Butterkeks. Die bekannteste Sorte stellt seit 1920 die Biscuiterie Traou Mad her. Mittlerweile ist der Familienbetrieb zum Weltunternehmen geworden, das seine Produkte auch ins Ausland exportiert.

Der Fluss schwenkt nach rechts, dann wieder deutlich nach links. Sie machen einen Schritt über einen Bach, der über den Weg fließt (km 2,6). Dann gabelt sich der Weg und Sie nehmen den links Abzweig bergauf (km 2,9).

⌘ Wenn Sie hier noch einen Moment am Ufer verweilen und flussaufwärts schauen, entdecken Sie eine weitere Wassermühle, die Moulin du Haut Bois.

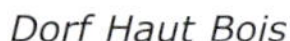

Dorf Haut Bois

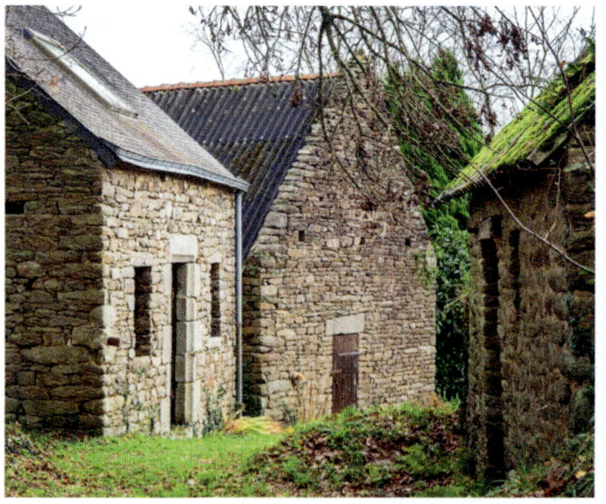

Ab jetzt leitet Sie der gelbe Streifen. Sie gelangen nach einem steilen und holprigen Anstieg zum Dorf Haut Bois ➋ (km 3,3). In der Dorfmitte, bei einer Pferdetränke und einem alten Brunnen, entdecken Sie die nächste gelbe Markierung und den Wegweiser Richtung Saint-Maudé. Im Folgenden ist die Markierung leider lückenhaft.

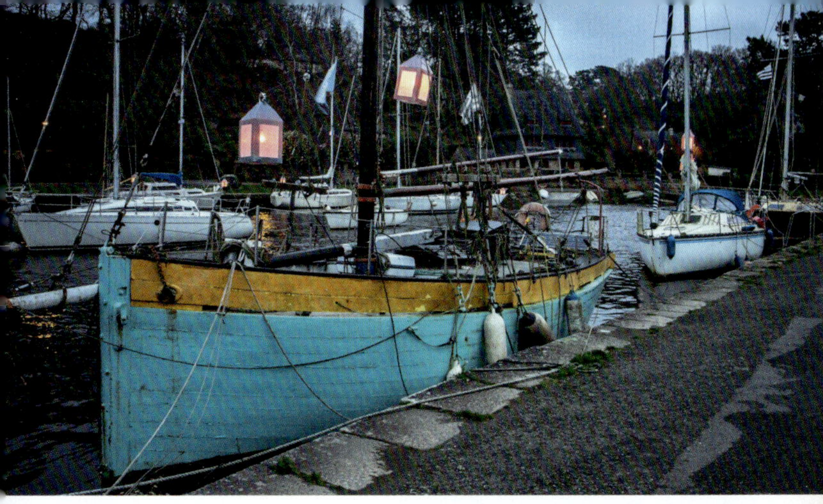

Dämmerung im Hafen von Pont-Aven

Bleiben Sie auf der ruhigen Nebenstraße, bis diese in eine T-Kreuzung einmündet. Hier weist Ihnen das nächste Schild „Saint-Maudé“ den Weg. Sie gehen an einem Stromhäuschen vorbei und erreichen das Dorf. In Saint-Maudé angekommen (km 4,5) wandern Sie an einem lang gestreckten Steinhaus entlang. An dessen Ende weist ein Schild nach links Richtung Pont-Aven und Trémalo. Direkt nach der Privateinfahrt zweigt ein Wiesenweg ab. Er führt Sie durch ein waldiges Areal entlang eines Bachs, dann zwischen hohen Böschungen und durch zwei Viehgatter, um schließlich einen Bach zu queren.

Nun gehen Sie wieder leicht bergauf und an der nächsten Wegkreuzung durch den deutlichen Hohlweg geradeaus. Dort finden Sie den nächsten Wegweiser zur Chapelle de Trémalo. Nach einem deutlichen Linksknick laufen Sie auf eine Allee zu, an deren Ende die ✞ Kapelle von Trémalo ❸ steht (km 6,2). Die Kapelle ist sowohl innen wie außen sehenswert.

Auf der Rückseite der Kapelle empfängt Sie eine weitere Allee, der Sie für 300 m folgen. An der nächsten Kreuzung sehen Sie geradeaus eine Sackgasse und einen roten Hydranten. Biegen Sie hier nach rechts ab. Nachdem die Straße eine deutliche Rechtskurve macht, biegen Sie nach etwa 20 m links in einen Waldweg ab. ✋ Hier war einmal ein Wegweiser Richtung Pont-Aven aufgestellt, dieser liegt jedoch umgeknickt neben dem Weg. Noch ein paar Meter an der ⛼ Bank (km 6,9) vorbei und Sie erreichen einen Zebrastreifen. Gehen Sie dort hinüber und beenden Sie die Wanderung auf dem Parkplatz.

⑯ Zu den Aiguilles de Port Coton

Tour für Liebhaberinnen und Liebhaber zerklüfteter Küstenlandschaften

Die Belle-Île macht bei dieser Wanderung ihrem Namen alle Ehre. Ein dichter, steiler Wald, eine zerklüftete Küste, der spektakuläre Port Coton und stets ein stattlicher Leuchtturm in Sichtweite. Dazu eine anspruchsvolle Wegführung, die dem Charakter der Landschaft Rechnung trägt. Eine perfekte Wanderung!

Start/Ziel: Parkplatz, 21 Rue Claude Monet, Bangor, GPS N 47°18.930‘ W 003°11.350‘

16,8 km

5 Std. 30 Min.

377 m/377 m

4-53 m

auf dem Küstenabschnitt weiß-rot, sonst ohne Markierung

Der Abschnitt von Bangor zur Küste ist teilweise sehr schmal und abschüssig, auf dem Küstenweg gibt es zahlreiche sehr felsige und steile Wegabschnitte. Darüber hinaus geht es auch über wenig befahrene Straßen.

Café la Veilleuse am Start/Ziel, Crêperie Chez Renée (km 0,3), Crêperie Coton (km 14,4); Trinkwasserhahn am Minimarkt

Minimarkt in der Rue Claude Monet (50 m vom Start/Ziel entfernt)

WC Zu einem öffentlichen WC gelangen Sie, wenn Sie gegenüber dem Startpunkt zwischen dem Büchercafé und der Kirche hindurchgehen. Hinter dem Café links finden Sie die Toilette.

Die Wanderung ist sehr anspruchsvoll und anstrengend und somit nur für Kinder mit entsprechender Erfahrung und Kondition zu empfehlen. Beobachten Ihre Kinder gerne die Natur? Dann denken Sie an ein Fernglas und ein Vogelbestimmungsbuch.

Mit dem Kinderwagen kommen Sie auf dieser Wanderung nicht weit. Sie können maximal den Weg in umgekehrter Richtung gehen. Dann verläuft Ihr Weg für 4,8 km neben der wenig befahrenen Straße. Am Anse du Vazen können Sie ein Picknick machen und dann auf gleichem Weg den Rückweg antreten.

Die Tour ist für Hunde ganz gut geeignet, wenn Ihr Hund steile und felsige Wege nicht scheut. Genügend Wasser mitnehmen!

P am Start/Ziel in Bangor und an den Aiguilles de Port Coton (km 8,6)

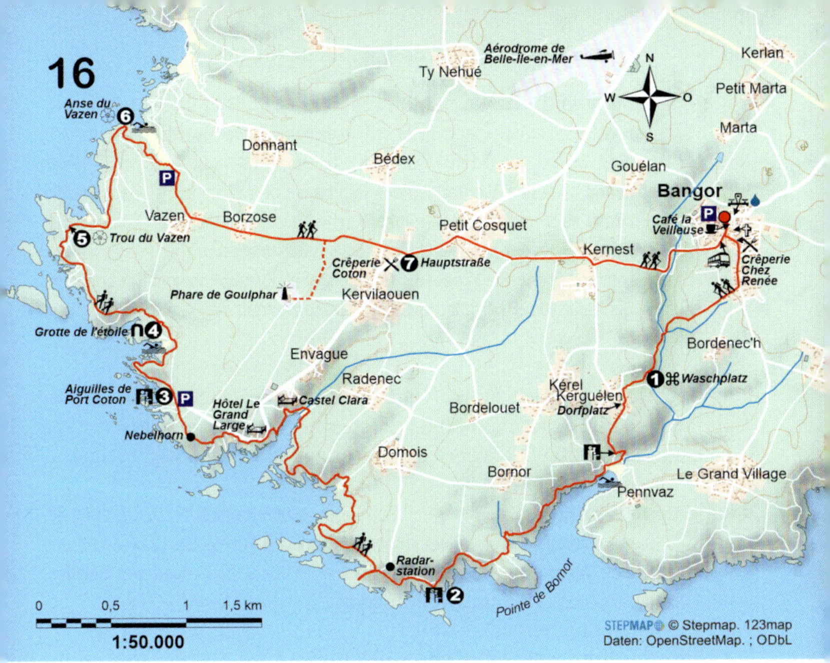

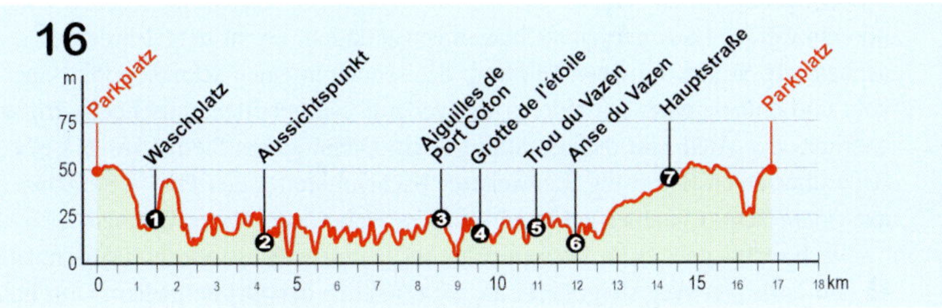

Fähre Compaigne-Oceane nach Port Maria, Quiberon, mehrmals täglich

Mit der Linie 2 (Le Palais – Bangor) fahren Sie nach Bangor, Haltestelle „Bangor", mehrmals täglich. Der Bus hält am Start der Wanderung.

Direkt gegenüber dem P Parkplatz in Bangor finden Sie ein schönes Büchercafé.

Café la Veilleuse, 27 Rue Claude Monet, 56360 Bangor, ☏ 02 97/31 31 11, facebook.com/LaVeilleuseLibrairie/, cafelibrairie.laveilleuse@gmail.com, April-Sep Mi-Mo 10:00-19:00, Okt-März Mi-So 10:00-13:00 und 15:30-19:00, Betriebsferien nach den Allerheiligenferien und nach den Weihnachtsferien; Buchladen und Café, kalte und warme Getränke, Kuchen und kleine Gerichte in gemütlicher Atmosphäre, Kinder und Hunde herzlich willkommen

Einen Minimarkt finden Sie in der Rue Claude Monet, keine 50 m vom Start entfernt. Folgen Sie dafür vom Parkplatz dem Hauptstraßenverlauf, der von der Kirche wegführt.

Die Wanderung verläuft für Sie zunächst durch Bangor. Sie laufen auf der Hauptstraße an der Kirche vorbei bis zur ersten Seitenstraße nach links, der Rue Sarah Bernhardt. Bei km 0,3 können Sie Crêpes und Galettes zu sich nehmen.

Crêperie Chez Renée, 21, Rue Sarah Bernhardt, 56360 Bangor, ☏ 02 97/31 52 87, belle-ile.com/offres/chez-renee-bangor-fr-135813/ Feb Mi-So 12:00-14:00 und 18:00-22:00, März-Sep Mo-So 12:00-14:30 und 18:00-22:00, Crêpes und Galettes, urgemütliches Lokal und zauberhafter Garten

Die Straße führt aus dem Ort heraus und läuft auf eine Gabelung zu, an der Müllcontainer stehen. Wählen Sie hier den Weg nach rechts. Sie sehen vor sich nun ein weißes Haus mit himmelblauen Fensterläden. Leicht bergab wechselt die asphaltierte Straße auf einen Feldweg, der schnell in einen schmalen Pfad übergeht und entlang eines bewaldeten Tals verläuft. Sie benötigen zusehends Trittsicherheit, der Wald wird dichter und idyllisch. Dann queren Sie bei km 1,1 einen Bach über einen Betonsteg. Ein weiterer Bachlauf kreuzt den Pfad – Sie können mit einem Schritt hinüber gelangen – und erreichen eine Weggabelung.

Nach rechts geht es für Sie weiter, vorbei an einem ⌘ historischen Waschplatz ❶ (km 1,5). Der Weg steigt leicht an, Sie erreichen den Ort Kerguélen. Dort halten Sie sich bei Haus Nr. 24 rechts und erreichen die Straße. Wenden Sie sich hier nach links. Vorbei an weißen Häuschen mit bunten Schlagläden gelangen Sie zu einem Dorfplatz. Hier geht es nach links, zwischen zwei Häusern mit rosa Umrandungen und blauen Läden hindurch. Die Dorfstraße führt am letzten Haus vorbei, ein grasiger Feldweg beginnt.

Schließlich erblicken Sie vor sich das Meer. Auf einem Saumpfad erreichen Sie einen Aussichtspunkt (km 2,1). Der Weg führt rechts neben dem breiten Sandstrand entlang. Sie finden ab hier die weiß-rote Markierung des GR 340.

Der Küstenweg verläuft durch Tamariskenwald. Immer wieder finden Sie einen schönen Ausblick aufs Meer, umrunden kleine Buchten oder können einen Abstecher zu einem der Strände machen. Schließlich gelangen Sie bei km 3,6 an einen grasbewachsenen Parkplatz. Rechts sehen Sie eine Funkantenne und folgen dem schmalen Fußweg in diese Richtung. Nach wenigen Schritten finden Sie erneut die bekannte Markierung.

Sie erreichen die Landspitze Pointe de Bornor ❷. Von hier aus überblicken Sie die ganze Bucht, an der Sie bisher entlanggelaufen sind. Der Uferweg führt Sie an einer Radarstation vorbei. Tief ins Land eingeschnittene Buchten und vorgelagerte Inseln prägen nun das Bild.

Eines der großen heutigen Umweltprobleme bereitet uns der Plastikmüll. Rund 8 Mio. Tonnen Kunststoffe landen dabei jährlich im Meer. Durch die Wirkung der Gezeiten wird ein Teil des Plastikmülls wieder an die Strände gespült. Fabrice Faure, Segler und Chef eines Bootsbauunternehmens, erkannte die Problematik und gründete 2009 TÉO, eine Genossenschaft von kollektivem Interesse. Er hat die sogenannten „Gezeitenkübel" an den Stränden des Atlantiks aufgestellt, in denen der angespülte Müll deponiert werden kann. Über eine App lassen sich die Standorte dieser Kübel leicht ermitteln. Eine hilfreiche und gute Initiative.

https://bacamaree.fr/

Der Weg führt hinab zu einem Kiesstrand, darüber auf der Klippe thront das 4-Sterne-Hotel Castel Clara. Unterhalb des Hotels verläuft ein Fußweg. Auf diesem verlassen Sie den Strand. Schon nach wenigen Metern kreuzen Sie eine geteerte Zufahrt und finden auf der anderen Straßenseite zuverlässig wieder das weiß-rote Zeichen. Der Fußweg verläuft neben der Fahrbahn und führt Sie vorbei an einem weiteren Hotel. Dann schwenkt der Weg wieder Richtung Küste und Sie laufen vorbei an einem Nebelhorn (km 8,3). Schließlich erreichen Sie P den Parkplatz am Port Coton. Entlang der Einfassungsmauer gelangen Sie zum Aussichtspunkt mit Blick auf die Aiguilles de Port Coton ❸ (km 8,6), das Wahrzeichen der Insel.

Sie setzen Ihren Weg auf dem Klippenkopf fort, es geht abwärts und Sie sehen links neben dem Weg eine Höhle. Gehen Sie noch 400 m weiter auf dem Weg, dann befindet sich links bei km 9,6 ein Trampelpfad, über den Sie die „Sternenhöhle" – die Grotte de l'étoile – erreichen können ❹.

Der Abstecher lohnt sich. Nur ein paar Schritte in die Höhle hinein, dann sehen Sie den Stern am Höhlendach – ein Loch, durch das das Sonnenlicht fällt.

Weiter auf dem Küstenweg gelangen Sie bei km 11 zu einem eingezäunten Loch in der Landschaft, dem Trou du Vazen ❺.

Das Loch ist gewissermaßen ein Fenster zum Meer. Denn das Land ist hier vom Meer unterspült. Seevögel nutzen die steilen Klippen hinunter zum Wasser vor allem als Brutgebiet und als Schutzraum. Daher steht das Trou du Vazen unter besonderem Schutz. Haben Sie ein Fernglas? Dann können Sie Austernfischer und verschiedene Möwen- und Rabenarten beobachten.

Um einen weiteren Landzipfel herum gelangen Sie zu einem riesigen, eindrucksvollen Sandstrand, dem Anse du Vazen ❻ (km 12). Bevor Sie den Strand erreichen, schwenkt Ihr Weg landeinwärts. Sie gelangen über ein paar Stufen zum landseitigen Zipfel des Strandes, wo Sie auch einen Zugang zum Strand finden. Hier befindet sich ein Rettungsring und der Weg gabelt sich. Sie verlassen den Uferpfad nach rechts und gehen über die Stufen bergauf.

An einem Parkplatz (km 12,6) beginnt die Straße, der Sie weiter bergauf folgen. Sie gelangen zum Dörfchen Vazen und wenden sich an der Landstraße nach links.

An Wochenenden und in den Ferien herrscht hier Ausflugsverkehr, sonst ist die Straße eher sehr ruhig. Seien Sie dennoch auf Autos gefasst.

Folgen Sie der Straße durch das nächste Dorf Borzose. Rechts neben dem Weg ragt der Phare de Goulphar in den Himmel. Darunter breiten sich Heidelandschaft und ein paar Felder aus. Nachdem Sie an einem kleineren Waldstück zur Rechten und einem Acker vorbeigelaufen sind, sehen Sie neben sich den Leuchtturm (km 13,8).

Falls Sie dem Leuchtturm einen Besuch abstatten möchten, erreichen Sie ihn über den Graspfad, der hier beginnt. Rechnen Sie für Hin- und Rückweg mit einem weiteren Kilometer.

Nach einem Schwenk mündet die Straße, der Sie gefolgt sind, in die Hauptstraße ❼ (km 14,4). Falls Sie einkehren möchten, finden Sie rechts eine Crêperie, ansonsten setzen Sie Ihren Weg nach links am Fahrbahnrand fort.

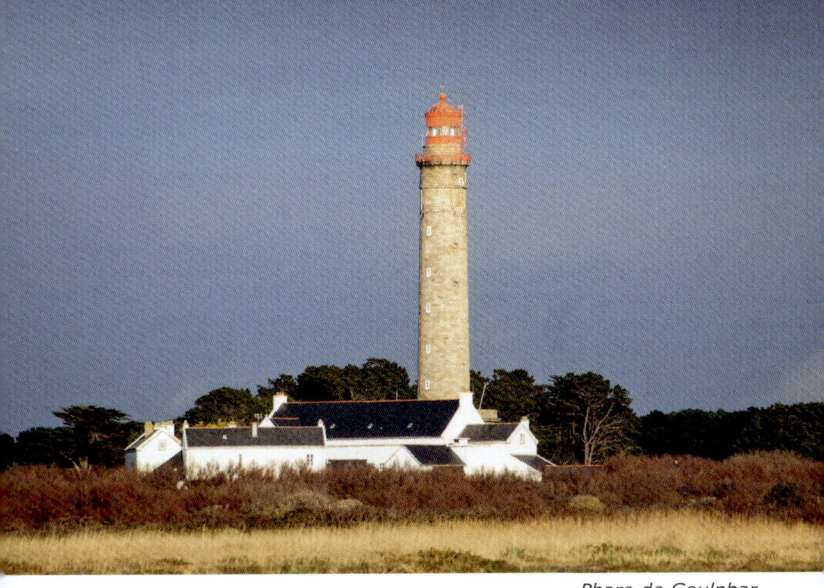

Phare de Goulphar

Crêperie Coton, Kervilaouen, 56360 Bangor, ☏ 02 97/31 32 62, creperie-coton.fr, contactytp@creperie-coton.fr, tägl. 12:00-14:00 und 19:00-21:00.
Bitte reservieren Sie, falls Sie etwas essen möchten!

Schon nach 300 m erreichen Sie Petit Cosquet und biegen am ersten Abzweig nach rechts Richtung Bangor ab. Sie lassen die hübschen Häuschen mit den bunten Schlagläden hinter sich und folgen dem Straßenverlauf durch urwüchsige Landschaft. Vorbei an weiteren Häusern und durch eine Rechtskurve gelangen Sie zu einer Kreuzung. Nach links weist Ihnen das Schild „Bangor" den Weg. Es geht zügig bergab durch ein waldiges Tal und beim Ortsschild von Bangor wieder bergauf.

Haltestelle „Bangor" mit überdachtem Wartehäuschen (km 16,7)

An der Kirche vorbei gelangen Sie zurück zum Startpunkt.

17 Entlang der Côte Sauvage

Tour für alle, die das Meer und alte Kulturen lieben

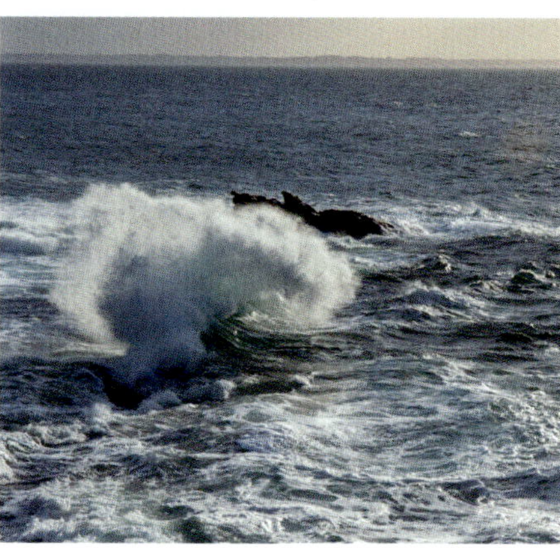

Am Pointe Beg en Aud

Diese Tour ist die einzige Streckenwanderung in diesem Wanderführer. Da die Anbindung an den ÖPNV aber perfekt ist, habe ich sie mit aufgenommen. Der Name ist hier Programm. Die „Wilde Küste" präsentiert sich mit einer zerklüfteten Felsenküste, einer rauen See und einem kulturellen Nachlass aus unterschiedlichen Zeitepochen. Am Ziel in Quiberon kommt dann auch der Magen zu seinem Recht.

➔ Start: Parkplatz Groix, Avenue de Groix, Kerhostin, GPS N 47°32.045' W 003°08.475', Ziel: Aussichtsplattform am Port de Pêche, Quai de Houat, Quiberon, GPS N 47°28.605' W 003°07.620'

12,3 km

3 Std. 30 Min.

↑↓ 146 m/144 m

⇧ 3-19 m

weiß-rot (GR 34), gelbe Streifen (ab km 6)

sehr abwechslungsreich die Küste entlang: auf Fußpfaden, Betonstegen, über Treppen, Felsen und Strände

Crêperie Avel Mor in Portivy (km 0,5), Austernlokal Le Vivier (km 10,1), verschiedene Lokale am Ziel in Quiberon

auf der ganzen Strecke in kurzen Abständen vorhanden

Einkaufsmöglichkeiten in Quiberon

WC im Touristenbüro am Start, im Hafen von Portivy (km 0,5) und am Ziel

Badestrände am Start und Ziel, bei km 1 und 3,7

Kindern wird die Tour keine Schwierigkeiten bereiten. Für sie gibt es an dieser wilden Küste sicherlich vieles zu entdecken.

Der Uferweg ist nur zu Fuß zu bewältigen und für Kinderwagen gänzlich ungeeignet.

Auch für Hunde gut zu bewältigen. Bitte ausreichend Wasser mitnehmen!

Falls Sie mit dem Auto anreisen, empfiehlt es sich, in Quiberon zu parken und mit den öffentlichen Verkehrsmitteln nach Kerhostin zu fahren. So haben Sie am Ende der Tour keine Not, Bus oder Bahn zu bekommen. In Quiberon finden Sie zahlreiche Parkmöglichkeiten.

Mit dem Zug TER Breizhgo (Auray – Quiberon) fahren Sie nach Kerhostin, Haltestelle „Kerhostin", mehrmals täglich, nur im Sommer.

Mit der Linie 1 (Auray – Quiberon – Plouharnel) fahren Sie nach Kerhostin, Haltestelle „Kerhostin", mehrmals täglich. Von der Haltestelle gehen Sie nach Norden bis zur Rue de Sombreuil, in diese biegen Sie links ab und gehen weiter, bis sie nach links abknickt und zur Avenue de Groix wird. Auf dieser gehen Sie weiter bis zum Touristenbüro. Hier ist der Start der Wanderung (ca. 800 m von der Haltestelle bis zum Startpunkt).

☺ Besorgen Sie sich im Touristenbüro einen Gezeitenkalender, falls Sie einen Abstecher zur Île Thinic planen.

Vom Startpunkt aus gehen Sie zunächst in Richtung Meer, wo Sie auf den Uferpfad treffen. Nach links können Sie nun der weiß-roten Markierung des GR 34 folgen. Orientierungsschwierigkeiten sollten sich dabei keine ergeben.

☺ Sollten Sie bei ablaufender Flut gestartet sein, dann können Sie gleich bei km 0,3 dem Weg durchs Watt zur Île Thinic folgen und sich die Insel ansehen. Bitte informieren Sie sich im Vorfeld über die Gezeiten!

Der Uferweg verläuft zwischen schönem Strand und den Häusern von Portivy. An der Hafenmole (km 0,5) befinden Sie sich in dessen Zentrum. Hier finden Sie auch ein öffentliches WC und eine schöne Crêperie.

Crêperie Avel Mor, 8 Promenade du Téviec, 56510 Saint-Pierre-Quiberon, ☏ 02 97/30 74 11, creperie-avel-mor.fr, contact@creperie-avel-mor.fr, April-Juni und Sep-Okt Fr-So und Di 12:00-13:30 und 19:00-21:00, Juli-Aug Mo 19:00-21:00, Di-So 12:00-13:30 und 19:00-21:00, traditionelle Crêpes und Galettes mit Zutaten aus dem Meer und vom Land, feine regionale Produkte

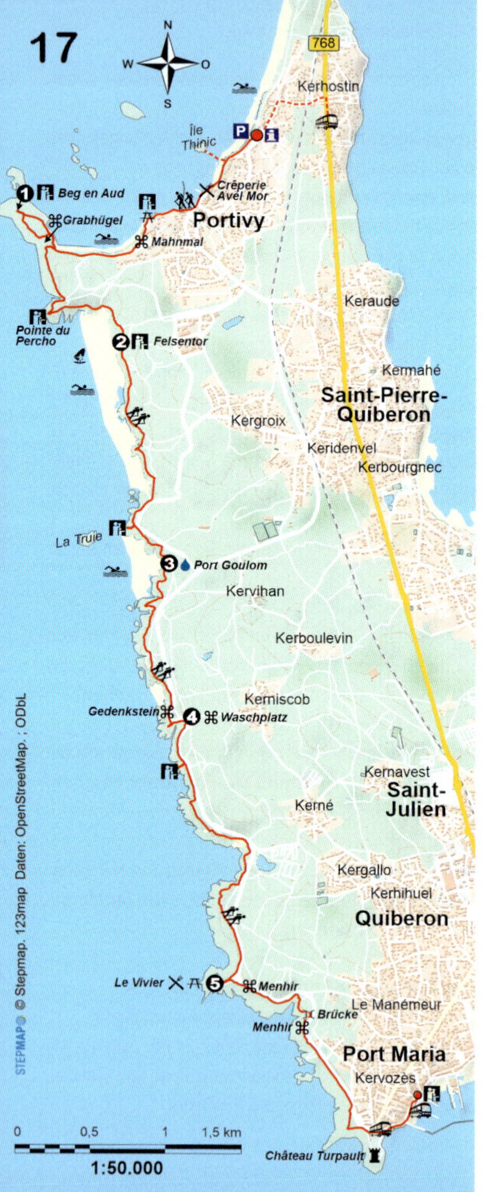

Weiter folgen Sie der Wegmarkierung über Treppen, dann entlang einer Mauer auf einem Damm. Immer wieder ist die Aussicht auf das Meer besonders schön, z. B. von der Aussichtsbank auf einem kleinen Landzipfel bei km 1.

Bademöglichkeit

Wenige Schritte danach kommen Sie an einem ⌘ Mahnmal für Gefallene des Ersten Weltkriegs vorbei. Die Ortschaft liegt nun hinter Ihnen, hinter einer Holzschranke erreichen Sie die Halbinsel, die die Bucht von Portivy nach Süden begrenzt. Auf Ihrem Weg zur Landspitze Beg en Aud ❶ (km 2,2) gehen Sie an einem Hügel vorbei. Dieser ist zwar unscheinbar, er ist jedoch ein steinzeitliches Relikt, bei dem es sich um den Grabhügel ⌘ Tumulus de Beg-en-Aud handelt. Sie umrunden diesen und biegen an der nächsten Gabelung nach rechts ab. Bei km 3,2 kommen Sie an einer Hausruine auf der Pointe du Percho vorbei. Ein schöner Surfstrand breitet sich vor Ihnen aus.

Bademöglichkeit

Bei km 3,9 finden Sie einen Aussichtspunkt, von dem Sie den Strand und ebenfalls die Ruine und darunter das Felsentor im Wasser sehen können ❷. Immer wieder bietet sich für Sie die Gelegenheit, den Strand zu erreichen. Ein weiterer Aussichtspunkt bei km 5,4 befindet sich in unmittelbarer Nähe zur Insel La Truie. Der Weg bleibt abwechslungsreich, über Holzplanken und Steinstufen führt er an der zerklüfteten Küste entlang. Dann zweigt bei km 5,9 ein Saumpfad vom Uferweg ab und Sie erreichen bergab die Quelle von Port Goulom ❸.

Steigen Sie den Pfad wieder hinauf und setzen Sie den Weg fort. Ein paar undeutliche Stufen führten Sie bergab und über einen Steg. Hier biegen Sie nach rechts ab. Der steinige, schwierige Weg ist schon bald mit den gelben Streifen markiert, denen Sie nun folgen. Gemauerte weiße Kegel dienen Ihnen ebenfalls als Orientierung. Auch finden Sie Schilder mit der Bezeichnung „Sentier Côtier Michel Pohin et André Robet“, die Sie immer in Küstennähe leiten. Bei km 7,3 passieren Sie einen ⌘ Gedenkstein für Michel Pohin und André Robet.

Michel Pohin und André Robet waren zwei Feuerwehrmänner, die bei Ausübung ihrer beruflichen Tätigkeit ums Leben kamen. Am 17. März 1979 war die See hier sehr rau. Sie starben bei dem Versuch, einen ins Wasser gefallenen Fotografen zu retten. Der junge Fotograf überlebte.

Weiter auf dem Weg erreichen Sie bei km 7,5 einen ⌘ historischen Waschplatz ❹. Vorbei an Bunkeranlagen finden Sie zur Rechten ein Austernlokal ❺ (km 10,1), vor dem sich auch öffentliche Bänke befinden.

Le Vivier, Route du Vivier, 56170 Quiberon, ☏ 02 97/50 12 60, tägl. 12:00-15:00 und 19:00-21:30, Fisch und Meeresfrüchte

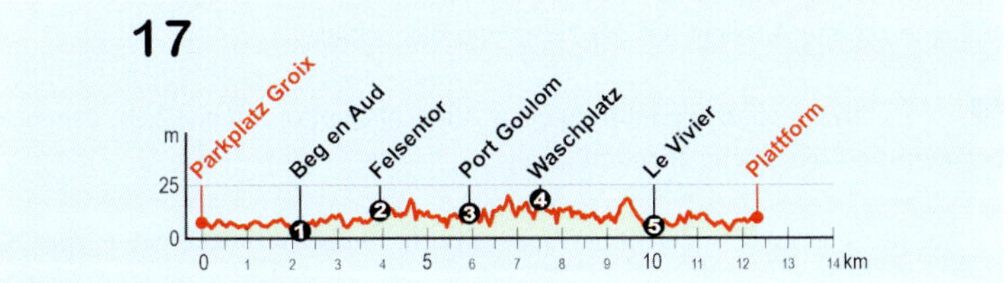

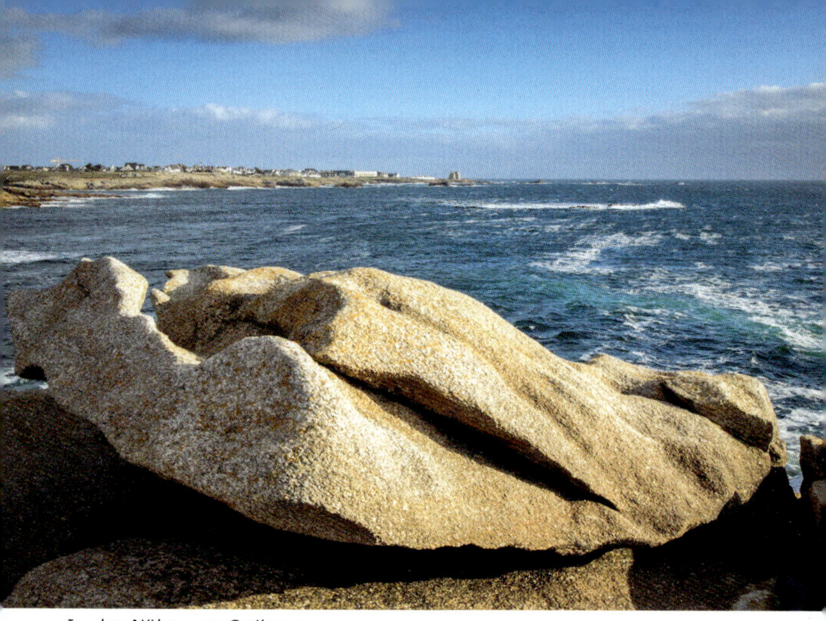

In der Nähe von Quiberon

Ihr Weg führt Sie an mehreren ⌘ Menhiren vorbei (km 10,3 und 10,9). Währenddessen überqueren Sie bei km 10,8 eine Brücke über eine Schlucht. Schließlich kündigt das Ortsschild von Quiberon das baldige Ende der Wanderung an. Sie laufen an den ersten Häusern vorbei und blicken auf das Chateau Turpault.

Château Turpault: Was wie eine mittelalterliche Trutzburg aussieht, entspringt in Wahrheit der Fantasie eines reichen Industriellen, der sich 1904 dieses Schloss hat bauen lassen.

Bald wechseln Sie auf den Gehweg und haben nach einer Linkskurve noch einmal eine schöne Aussicht auf das Meer und das Schloss.

Ein Treppenaufgang führt zu einer Aussichtsplattform (km 12,3), daneben befinden sich öffentliche Toiletten.

Auf der Plattform endet Ihre Wanderung. In Quiberon finden Sie einige ✕ Lokale und Geschäfte.

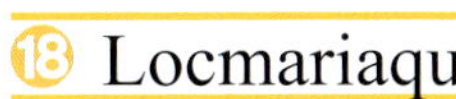

Locmariaquer

Tour für Liebhaberinnen und Liebhaber von Watt und Megalithkultur

Locmariaquer liegt am großen Binnenmeer, dem Golf von Morbihan, und besitzt einige der bedeutendsten Denkmäler der Megalithkultur der Bretagne. Im Süden begrenzen herrliche Sandstrände die Halbinsel von Locmariaquer und die westliche Küste ist Wattlandschaft. Die Tour verbindet all diese Bereiche und macht sie zu einer langen, sehr abwechslungsreichen Wanderung.

Start/Ziel: Parkplatz, Place du Général de Gaulle, Locmariaquer, GPS N 47°34.180‘ W 002°56.670‘

18 km

5 Std.

120 m/120 m

1-14 m

entlang der Küste weiß-rot, sonst ohne Markierung

Wiesenwege sowie neu angelegte Sandwege entlang der Strände und wenig befahrene asphaltierte Straßen

Bar-Tabac Le Petit Bar am Start/Ziel, Bar du Golfe (km 0,8)

Bänke gibt es bei km 0,6, km 1,3, km 2,9, km 11,4 und km 12,8.

In Locmariaquer finden Sie eine Vielzahl an Geschäften.

WC am Start/Ziel, bei km 4,7

Badestrände zwischen km 3,9 und 6,2 sowie zwischen km 11,2 und km 12,2

Die Wanderung ist sehr lang und eignet sich nur für Kinder mit einiger Wandererfahrung. Für diese gibt es viel zu entdecken.

Die Tour ist für Kinderwagen ungeeignet.

Für Hunde könnte der Abschnitt entlang der Strände mühsam werden, da der Weg hier durch tiefen Sand geht, ansonsten ist der Weg für Hunde gut machbar.

Parkplatz mit WC am Start/Ziel

keine Busverbindung vorhanden

Besorgen Sie sich am besten im Vorfeld einen Gezeitenkalender (http://maree.info/154) oder fotografieren Sie den Gezeitenaushang im Fenster der Touristeninformation. An manchen Stellen können Sie bei Ebbe auch am Strand entlanglaufen.

Zu Beginn der Wanderung stehen Sie zwischen dem Rathaus und dem Place du Général de Gaulle. Hier befindet sich auch die Touristeninformation, eine Bar-Tabac, in der Sie einen Kaffee bekommen können, die Post und ein öffentliches WC.

Touristeninformation Locmariaquer, 1 Rue de la Victoire, 56740 Locmariaquer, 8.4.-1.7. Mo-Sa 9:30-12:30 und 14:00-18:00, So geschlossen, 2.7.-31.8. Mo-Sa 9:30-13:00 und 14:00-19:00, So 10:00-13:00, 1.9.-5.11. Mo-Sa 9:30-12:30 und 14:00-18:00, So geschlossen

Bar-Tabac Le Petit Bar, 6 Rue de la Victoire, 56740 Locmariaquer, ☏ 02 97/57 32 14, tägl. Mo-Sa 7:00-20:00, So 8:00-18:30, warme und kalte Getränke und diverse Snacks

Wenden Sie sich mit Blick auf das Rathaus nach rechts. Vorbei an einer Bäckerei und einigen Gaststätten erreichen Sie den Hafen. An der Mole halten Sie sich rechts. Zwischen dem Fahrkartenstand für Ausflugsdampfer und einer weiteren Bäckerei entdecken Sie die weiß-rote Markierung des GR 34 auf einem Holzpfahl und finden sich in einer schmalen Gasse wieder. Folgen Sie dieser Markierung im weiteren Verlauf. Wo diese fehlt, finden Sie stattdessen die Beschilderung „Promenade en mer".

Immer an der Küste entlang haben Sie eine gute Aussicht auf die Inseln im Golf von Morbihan. Bei km 0,6 lädt Sie eine schöne Picknickbank zum Verweilen ein. Dann gelangen Sie zu einer zweiten Mole, die den Hafen von Locmariaquer nach Süden begrenzt. Hier befindet sich die Bar du Golfe ❶ (km 0,8).

Bar du Golfe, 21 Rue du Guilvin, 56740 Locmariaquer, ☏ 02 97/57 30 29, April-Sep tägl. 9:00-19:00, warme und kalte Getränke sowie Kleinigkeiten zu essen

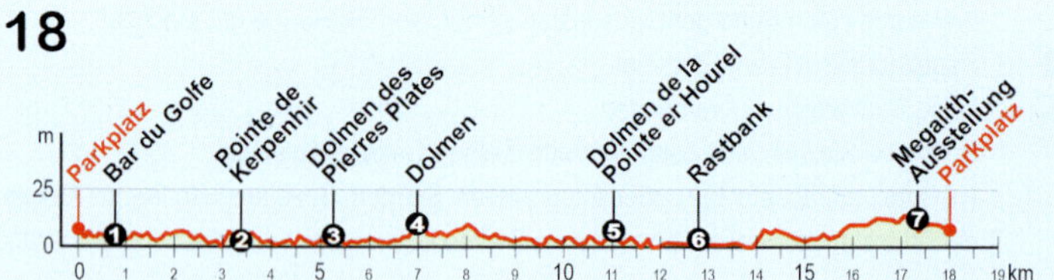

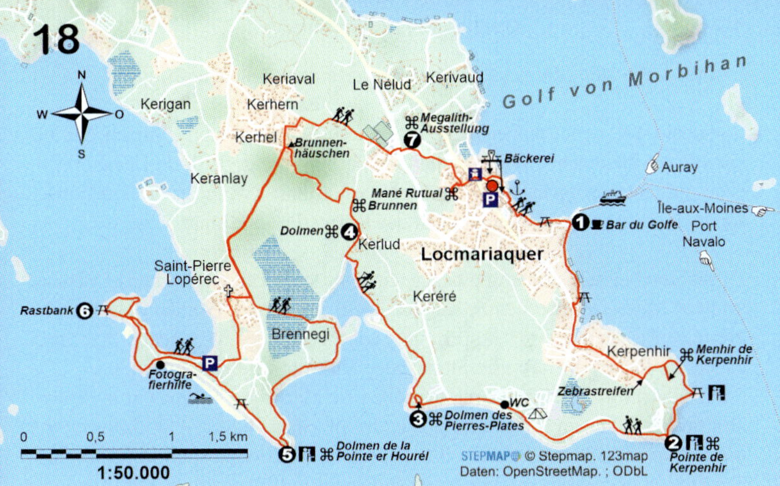

Weiter führt Sie Ihr Weg entlang der Küste, an der Sie bei km 1,4 eine weitere Picknickbank finden. Das Hinweisschild Richtung Aussichtspunkt können Sie ignorieren, da die Aussicht nicht lohnenswert ist. Biegen Sie nach rechts in die Gasse mit den hohen Mauern ein. Nach etwa 100 m erreichen Sie die Straße, an der Sie nach rechts und nach 10 m wieder nach links abbiegen.

Sobald Sie am Austerngeschäft vorbeigekommen sind, finden Sie auf der Rückseite eines Verkehrsschildes einen weiß-roten Abbiegepfeil. Gehen Sie dennoch geradeaus weiter an der niedrigen Mauer entlang, halten Sie sich beim nächsten Abzweig links und gehen Sie weiter auf der Route de Kerpenhir weiter. Dann tauchen auch wieder die weiß-roten Zeichen auf.

Am Zebrastreifen (km 2,2) verlassen Sie die Straße nach links auf den Parkplatz. Dort beginnt ein Fußpfad, der nun wieder in Ufernähe verläuft. Nach 200 m finden Sie rechts des Weges einen Pfad, der Sie zum ⌘ Menhir de Kerpenhir (km 2,5) führt. Kehren Sie wieder auf den Uferweg zurück. Bei km 3 passieren Sie eine Aussichtsbank mit Blick auf die Pointe de Kerpenhir.

Weiter führt Sie der Weg immer in direkter Nähe zum Ufer und Sie gelangen bei km 3,4 zur Pointe de Kerpenhir ❷. Hier endet die weiß-rote Markierung. Der Küstenpfad leitet Sie an einigen Bunkeranlagen vorbei, Bänke und kleine Kunstwerke am Wegesrand lockern Ihren Weg durch die Dünen auf.

Ab hier gibt es zahlreiche Abzweige zum Badestrand.

Sobald Sie den Campingplatz hinter sich gelassen haben, finden Sie bei km 4,7 ein öffentliches WC. Schauen Sie nach vorne, dort ist ein kleines Wäldchen auf einem vorgelagerten Landzipfel schon zum Greifen nahe. Dort angekommen erwartet Sie der ⌘ Dolmen des Pierres-Plates ❸ (km 5,3).

Während dieser Wanderung begegnen Ihnen steinzeitliche Bauwerke. Menhire sind von Menschen der Steinzeit aufgerichtete Steinstelen. Wurden viele Menhire in langen Reihen aufgestellt, spricht man von Alleen oder Alignments. Manchmal bilden die Reihen auch Kreise. Stonehenge hat wohl jeder vor Augen.

Ebenfalls vor ca. 6000 Jahren begannen die Menschen, Dolmen zu errichten. Das sind zwei Reihen flacher Tragsteine, die mit einem massiven Deckel versehen wurden. Im Inneren fanden sich oft Grabbeigaben. Ist der Dolmen von einem langen Erdwall überdeckt, hat man einen Tumulus (ein Langgrab) vor sich. Liegt der Dolmen offen, heißt er in der Bretagne Allée couverte.

Unterwegs finden Sie mehrere Dolmen, einen Tumulus und – mit mehr als 20 m – den größten bisher entdeckten Menhir. Dieser stand vermutlich nur 600 Jahre aufrecht, bevor er entweder umgeworfen wurde oder durch ein Erdbeben umgestürzt ist. ☺ Wenn Sie das Thema interessiert, sollten Sie sich auch die Tour 21 um Saint-Just nicht entgehen lassen!

Folgen Sie immer dem Uferweg. Auf diese Weise erreichen Sie die nördliche Spitze der Bucht, wo Sie über eine Brücke bei km 6,7 einen Bach überqueren.

Bei feuchter Witterung sind die Planken der Brücke sehr rutschig!

Wenden Sie sich nun nach rechts und wandern Sie in den Ort Kerlud hinein. Die Dorfstraße gabelt sich, gehen Sie nach links. Nach 200 m finden Sie am Straßenrand einen weiteren ⌘ Dolmen ❹ (km 7), den Sie auch von innen besichtigen können.

Hier befindet sich auch der Beginn eines bequemen Wanderweges und ein Hinweisschild Richtung Le Bourg sowie die weiß-rote Markierung, der Sie nun wieder folgen. Rechts des Weges sehen Sie einen ⌘ alten Brunnen, der gerade restauriert wird. Nach weiteren 100 m zweigt nach links ein deutlicher Weg ab.

Die Markierung ist vorhanden, dennoch übersieht man sie leicht.

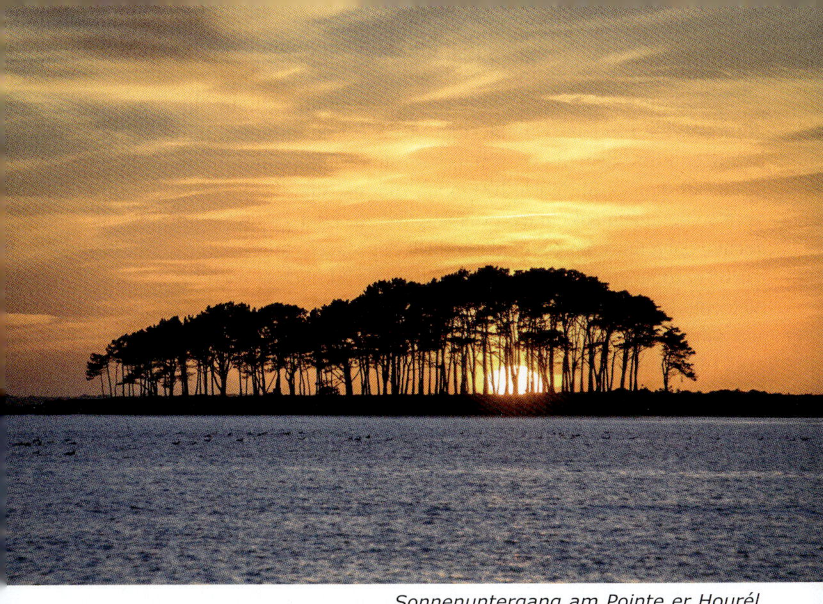

Sonnenuntergang am Pointe er Hourél

Zwischen umfriedeten Äckern gelangen Sie ins nächste Dorf. Dort, an einem Brunnenhäuschen, leitet Sie die Markierung nach links. Ein Feldweg führt Sie bis zur Landstraße. Dort angekommen wenden Sie sich nach links und bleiben am Straßenrand, bis nach 700 m nach links eine Straße Richtung Brennegi und ins Moor abzweigt. Hier leitet Sie wieder zuverlässig das Wegzeichen. Am Ende der Straße lassen Sie die beiden Torpfosten links liegen. Weiter geradeaus empfängt Sie wieder der Uferweg. Bald führt dieser über den Strand und weiter bis zu einem kleinen Pinienwald auf der nächsten Landspitze.

⌘ Aussichtspunkt und Dolmen de la Pointe er Hourél ❺ (km 11)

Sie halten sich weiter möglichst ufernah und erreichen am Rande des Wäldchens einen Mauerdurchbruch, hier gehen Sie hindurch. Durch die Dünen verläuft der Weg parallel zu einem breiten Strand, zu dem Sie immer wieder Zugänge finden, vorbei an einer Bank (km 11,5) und an einigen Bunkern.

☺ Am Ende des Sandstrandes finden Sie eine Fotografierhilfe für das perfekte Urlaubsbild.

Geradeaus folgen Sie, nun ohne Markierung, dem unscheinbaren Wiesenweg rund um den Landzipfel. Heidekraut und Stechginster geben zusammen mit der schroffen Küste den Ton an. Am westlichsten Punkt können Sie an einer Bank rasten ❻ (km 12,8). Noch 300 m am Ufer entlang, dann wenden Sie sich nach rechts und laufen auf ein leeres Holzschild zu. Dort gehen Sie noch einmal nach rechts, dann führt Sie ein Pfad oberhalb der Mauer zurück zu dem Weg, den Sie zuvor gekommen sind. Gehen Sie diesen zurück. Schon nach 20 m können Sie sich entscheiden, dem bekannten Weg für etwa 300 m zu folgen oder nach links ans Ufer der Salzmarsch abzubiegen. Beide Wege treffen auf dem Parkplatz (km 14) zusammen.

Informieren Sie sich bitte im Vorfeld über die Gezeiten und bleiben Sie bei einlaufender Flut besser auf dem Weg!

Am Parkplatz finden Sie wieder die weiß-rote Markierung. Diese führt Sie auf die Zufahrtsstraße und zu einem nach links abzweigenden Wanderweg, wo Sie eine Wanderkarte finden. Bald erreichen Sie Saint-Pierre Lopérec mit seiner kleinen Kapelle im Zentrum (km 14,7). Schon mündet die Dorfstraße wieder in die Landstraße, die Sie am Fußgängerüberweg überqueren. Dann wenden Sie sich dann nach links.

Diesen Weg kennen Sie bereits. Nach 300 m befindet sich rechts der Wanderweg zurück nach Kerhel. Im Dorf angekommen gehen Sie weiter geradeaus. An der nächsten Kreuzung laufen Sie nach rechts zwischen neuen Häusern hindurch und nach 100 m gleich wieder links. An einem Stein und zwei Holzpfählen erreichen Sie die Landstraße C126. Für 500 m gehen Sie nach rechts am ungemütlichen Fahrbahnrand entlang. Danach gibt es einen Gehweg. Schließlich gelangen Sie zu einem Zebrastreifen und biegen nach links auf den Parkplatz in Richtung eines Bushäuschens ab. Hier finden Sie einen weiteren Zebrastreifen – über die Route des Megalithes. Hier führt Sie die C126 vorbei an der äußerst sehenswerten ⌘ Megalith-Ausstellung ❼ (km 17,1).

⌘ Site des mégalithes de Locmariaquer, Route de Kerlogonan, 56740 Locmariaquer, ☏ 02 97/57 37 59, site-megalithique-locmariaquer.fr, locmariaquer@monumentes-nationaux.fr, Mai-Juni tägl. 10:00-18:00, Juli-Aug tägl. 10:00-19:00, Sep und April tägl. 10:00-12:30 und 14:00-17:15, Okt-März Di-So 10:00-12:30 und 14:00-17:15, 1. Jan, 1. Mai und 25. Dez geschlossen, letzter Einlass eine halbe Std. vor Schließung, Eintritt € 6, Pers. unter 25 Jahre frei

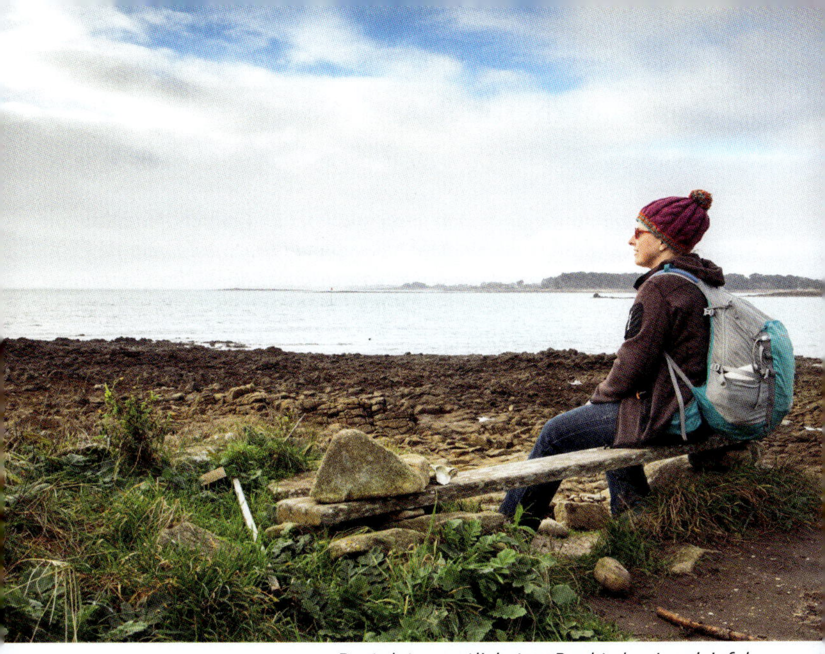

Rastplatz westlichsten Punkt des Landzipfels

Auf dem Gehweg folgen Sie dem Straßenverlauf. Dabei wechselt der Gehweg am Zebrastreifen die Seite. Schon erreichen Sie die ersten Häuser von Locmariaquer und biegen bei km 17,4 nach rechts in die Ruelle du Bronzo ein. Nach einem leichten Linksknick sehen Sie rechts auf einem Privatgrundstück den ⌘ Menhir du Bronso. Noch 50 m, dann können Sie nach rechts über einen Fußweg dem ⌘ Dolmen du Mané Rutual (km 17,6) einen Besuch abstatten.

Sie laufen zurück über den Fußweg und auf eine Schule zu. Leicht rechts davon führt ein Durchgang zur Hauptstraße und zur Touristeninformation. Nach rechts beenden Sie nach 150 m die Wanderung.

19 Rund um die Île d'Arz

Tour für Liebhaberinnen und Liebhaber kleiner Inseln

Die Île d'Arz gilt als die noch ursprünglichste Insel im Golf von Morbihan. Sie wandern auf dem Küstenweg um diese schöne Insel herum. Auf Ihrem Weg passieren Sie eine alte Gezeitenmühle und können durch die Skelette verlassener Schiffswracks blicken. Selbstverständlich führt Ihr Weg auch an Dolmen vorbei und das sympathische Inseldorf erwartet Sie mit kulinarischen Genüssen.

Start/Ziel: Bootsanleger, Île d'Arz, GPS N 47°36.380' W 002°47.560'
11,7 km
3 Std.
74 m/74 m
-1-15 m
gelbe Markierung, teilweise auch ohne
kaum befahrene, asphaltierte Straßen und befestigte Wanderwege
Crêperie du Cap (km 0,1), Le Triskel (km 8,2), Au Perroquet Bleu (km 8,6)
Picknickplätze bei km 1,1 und km 3 sowie Aussichtsbank bei km 6,1
Einkaufsmöglichkeiten im Dorf (km 8,2)
WC am Hafen (Start/Ziel), an den Picknickplätzen (km 1,1 und km 5,6), im Touristenbüro (km 8,4)
Bademöglichkeit bei km 5 und km 7,9
Der Weg bereitet Kindern keine nennenswerten Probleme. Die Wanderung ist eine ausgesprochene Familientour, zumal an den zahlreichen Stränden auch gebadet werden kann.
für Kinderwagen ungeeignet
für Hunde gut geeignet
Parkplätze sind an den Bootsanlegern auf dem Festland vorhanden.
vom Hafen in Vannes mit der Fähre (Bateaux – Bus du Golfe) zur Île d'Arz, stündlich

Sie können diese Wanderung direkt im Anschluss an die Überfahrt vom Festland beginnen. Am Fährhafen finden Sie eine öffentliche Toilette, einen Fahrradverleih, ein Hotel, Bänke und eine Wanderkarte. Folgen Sie zunächst der Hauptstraße und der gelben Markierung. Da es nur sehr wenige Autos auf der Insel gibt, werden Sie kaum Verkehr bemerken. Dafür gibt es in kurzen Abständen Bänke entlang Ihres Weges. Schon nach 150 m finden Sie zur Linken eine Crêperie.

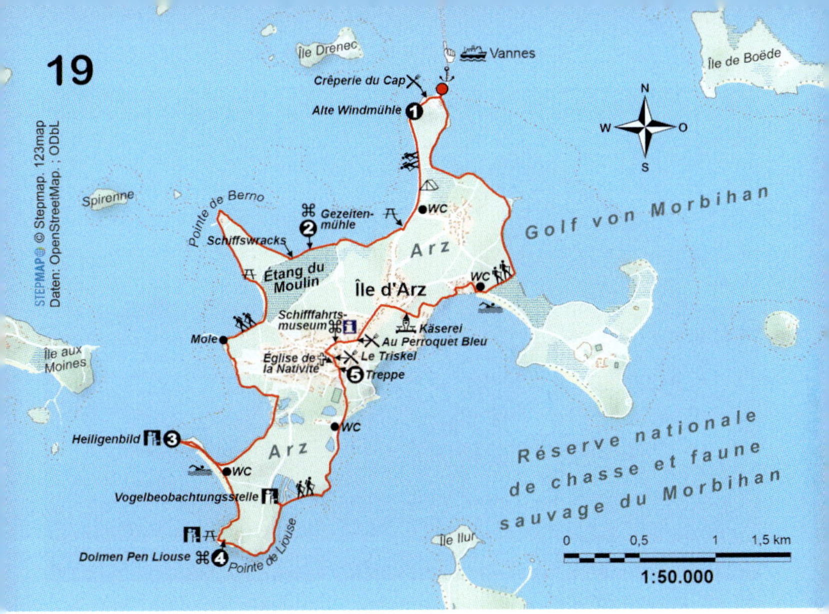

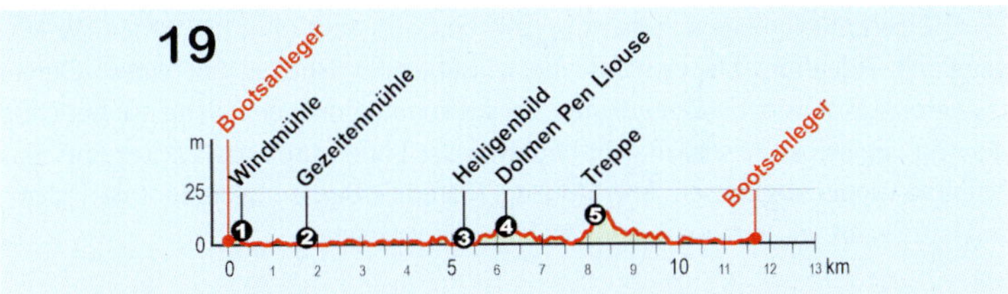

✕ Crêperie du Cap, 56840 Île-d'Arz, ☏ 02 97/44 34 55, tägl. 11:00-20:00.
☺ Nur an trockenen Tagen zu empfehlen, da es nur Außengastronomie mit viel Hafencharme gibt.

Bei km 0,3 passieren Sie eine alte Windmühle ❶. Vorbei am Campingplatz erreichen Sie bei km 1,1 einen schönen ⛼ Picknickplatz (WC). Hier zweigt nach rechts ein Fußweg entlang einer niedrigen Mauer ab. Die Markierung ist vorhanden, jedoch leicht zu übersehen. Über einen Damm zwischen dem Meer und einem Staubecken führt Ihr Weg zur ⌘ Gezeitenmühle ❷ (km 1,8).

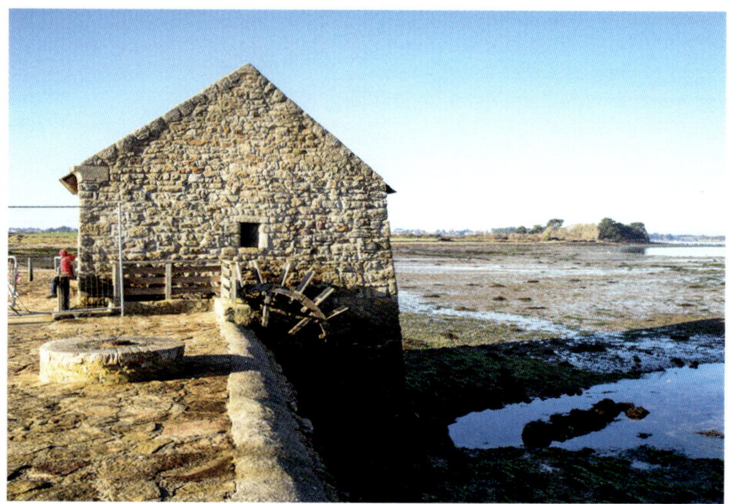

An der Gezeitenmühle

Gezeitenmühlen lagen zumeist in ruhigen Gewässern ohne störenden Wellengang mit Tidenhub. Dabei wurde bei einsetzender Flut ein mit einem Damm abgegrenztes Wasserbecken geflutet. Dieses konnte durch eine Schleuse bei Ende der Flut verschlossen werden. Mit Eintreten der Ebbe wurde das Wasser über das Mühlrad wieder abgelassen. Die Moulin à Marée de Berno funktioniert nach demselben Prinzip und war mit einem Mahlwerk ausgestattet.

Sie gehen an zwei Schiffswracks vorbei (km 1,9), folgen dem Uferpfad um die Landspitze herum. Bevor Sie einen weiteren Damm am südlichen Ende des Staubeckens überqueren, finden Sie einen weiteren ⛼ Picknickplatz (km 3). Am Ende des Dammes weichen Sie von der Markierung kurz ab und laufen immer in Ufernähe bis zur Mole (km 3,7). Der Uferpfad führt zum Dorfrand. Hier wenden Sie sich auf der Straße für 10 m nach links und biegen dann sofort wieder nach rechts in einen schmalen Fußweg mit Drängelgitter ab. Sie erwartet nun wieder die gelbe Markierung.

Aus dem Dorf heraus, dann durch einen Sumpf und immer weiter am Ufer entlang haben Sie immer wieder einen schönen Ausblick über die Inselwelt des Morbihan und die unzähligen Austernbänke.

Über einen Wiesendamm erreichen Sie die nächste Landzunge mit einem Heiligenbild ❸ (km 5,2) und einer tollen Aussicht an der Landspitze (km 5,3).

Hier gibt es einen Badestrand.

Über den Wiesendamm gehen Sie zurück auf die Insel. Hier finden Sie einen weiteren schönen Picknickplatz, Infotafeln zu den umgebenden Inseln und ein WC. Der Uferpfad leitet Sie bei km 6,2 zu den ⌘ Dolmen Pen Liouse ❹. Noch ein Stück, dann stehen Sie am südlichsten Punkt der Wanderung, der Pointe de Liouse. Zwischen Heidelandschaft und Meer erreichen Sie ein Feuchtgebiet. Eine Holzwand mit Durchblicken (km 6,9) ermöglicht Ihnen die Vogelbeobachtung.

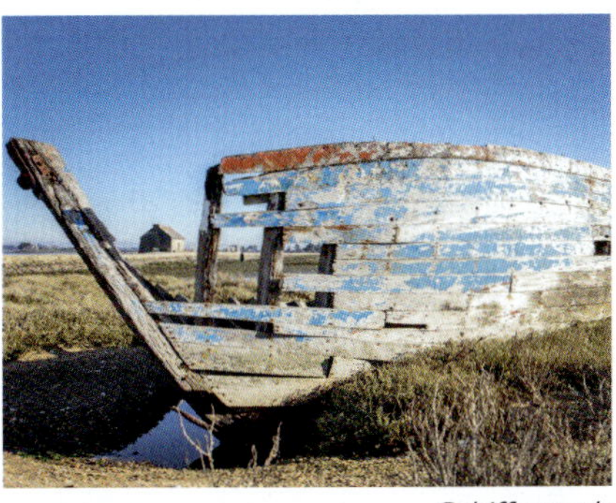

Schiffswrack

Hier gibt es eine Bademöglichkeit.

☺ Nehmen Sie ein Vogelbestimmungsbuch und ein Fernglas mit, falls Ihre Kinder gerne die Natur beobachten. Wie viele verschiedene Vögel gibt es?

Folgen Sie weiter dem Uferweg, bis Sie die Straße erreichen. Hier finden Sie eine weitere Toilette. Verlassen Sie nun den Uferweg und wandern Sie für 250 m die Straße entlang, zuerst an ein paar Häusern, dann an einer hohen Hecke entlang. Bei km 8 finden Sie einen Durchlass und queren eine Wiese in Richtung der Kirche. Sie erreichen eine Treppe ❺ (km 8,2). Dort hinauf und durch das Tor gelangen Sie zum Kirchhof und zur ✞ Église de la Nativité. Sie gehen geradeaus an der Kirche vorbei, dann erst links und nach 10 m leitet Sie ein Fußweg wieder nach rechts durch ein weiteres Tor ins Dorf, zur Grande Rue.

Le Triskel, Grande Rue, 56840 Île-d'Arz, ☏ 02 97/44 33 65, thierry.porry@wanadoo.fr, ganzjährig Mo-So 9:00-22:00, Fisch und Fleischgerichte, Hunde herzlich willkommen

Wenden Sie sich nach links. Am Haus Nr. 192 gehen Sie rechts in die Rue du Gourail und an der nächsten Straßenecke nach rechts. Sie gelangen zum Schifffahrtsmuseum (km 8,4).

⌘ Schifffahrtsmuseum CIPM, La Grée, 56840 Île-d'Arz,
arz.fr/index.php/2021/05/19/reouverture-du-musee-des-capitaines,
Mai-Juni Sa und So 13:00-17:00, Juli und Aug Di-So 13:00-17:00. WC
Das Touristenbüro hat dieselben Öffnungszeiten, die Toiletten sind immer geöffnet.

Die Île d'Arz gilt als die Insel der Kapitäne und Seeleute. Zeitweise lag der Bevölkerungsanteil der Kapitäne bei 10 %. Im 17. Jh. wurde es zunehmend lukrativer, auf einem Fernsegler anzuheuern, als Fischfang zu betreiben. Dadurch bekam die Insel ihren Ruf und brachte Generationen von weit gereisten Seeleuten hervor. Das lässt sich auch heute noch an den Häusern des Dorfes ablesen. Es gibt zahlreiche große, imposante Häuser von Kapitänen und bescheidenere der einfachen Seeleute.

Die Insel wurde auch landwirtschaftlich genutzt, was reine Frauenarbeit war. Während die Männer auf hoher See unterwegs waren, bewirtschafteten die Frauen ihre „Furchen", wie die kleinen Äcker genannt wurden.

Vom Museum aus gehen Sie weiter geradeaus, dann an der Gabelung nach rechts auf ein weißes Haus und ein „Durchfahrt verboten"-Schild zu. Hier gehen Sie nach links entgegen der Einbahnstraße. Diese mündet bei einem Wegekreuz und dem ✕ Restaurant Au Perroquet Bleu in die Avenue Charles de Gaulle (km 8,6).

✕ Au Perroquet Bleu, Avenue Charles de Gaulle, 56840 Île-d'Arz, ☏ 02 97/44 30 15, auperroquetbleu.fr, Bar tägl. 9:30-23:00, Küche 12:00-14:00 und 19:00-21:00, in den Ferien Bar tägl. 9:00-1:00, geschlossen im Jan, Hunde auf der Terrasse und in der Bar erlaubt. ☺ Wenn Sie dort speisen möchten, bitte unbedingt reservieren!

Ihre Wanderung verläuft nun nach links am Straßenrand, bis auf der rechten Seite eine Straße abzweigt. Folgen Sie dieser vorbei an der Käserei, bis Sie bereits das Meer erspähen können. Links biegen Sie in einen Fußweg mit hölzerner Wegschranke ab. Die gelbe Markierung leitet Sie nun wieder in einem Bogen zum Meer und dann entlang des Ufers unter Bäumen entlang.

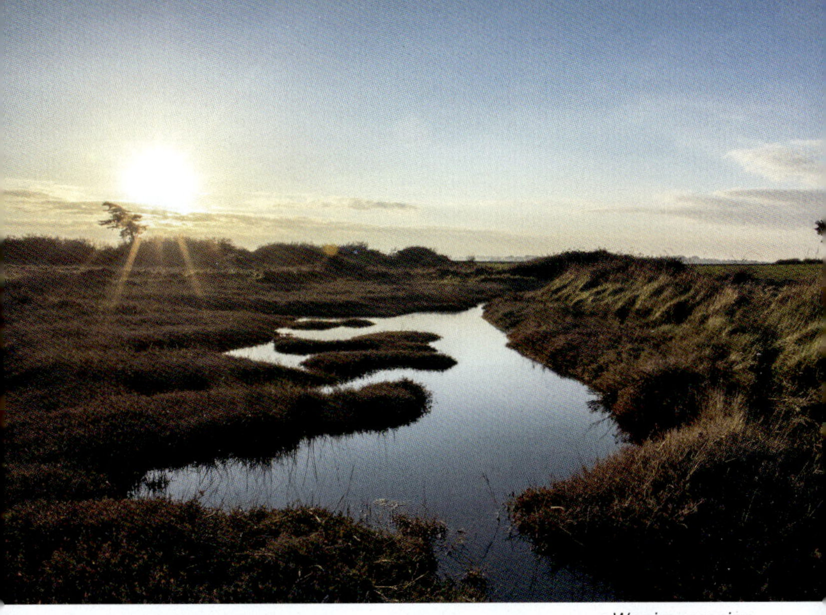

Wegimpression

Sie gelangen zu einer Mauerecke, steigen eine Stufe hinunter und finden wieder das bekannte Zeichen. Im Zickzack laufen Sie an Wohnhäusern entlang. Nach dem letzten Haus erreichen Sie einen Sandstrand und eine weitere Toilette. Bleiben Sie auf der Straße oberhalb des Strandes und biegen Sie nach 50 m nach links auf den Trampelpfad neben der Saline ab (km 9,8).

Gelbe Markierungen gibt es nun in alle möglichen Richtungen. Folgen Sie dem Pfad, bis Sie wieder ans Meer gelangen und setzen Sie den Weg dort nach links fort. Immer am Ufer entlang kommen Sie bei km 10,9 an eine Treppe. Dort gehen Sie hinauf und hinter die Ufermauer.

Sie laufen weiter parallel zum Strand und erreichen das Hotel beim Schiffsanleger. Dort gehen Sie drei Stufen hinunter zum Strand und am Anleger wieder ein paar Stufen hinauf zum Kai. Hier endet die Tour.

Das Inland

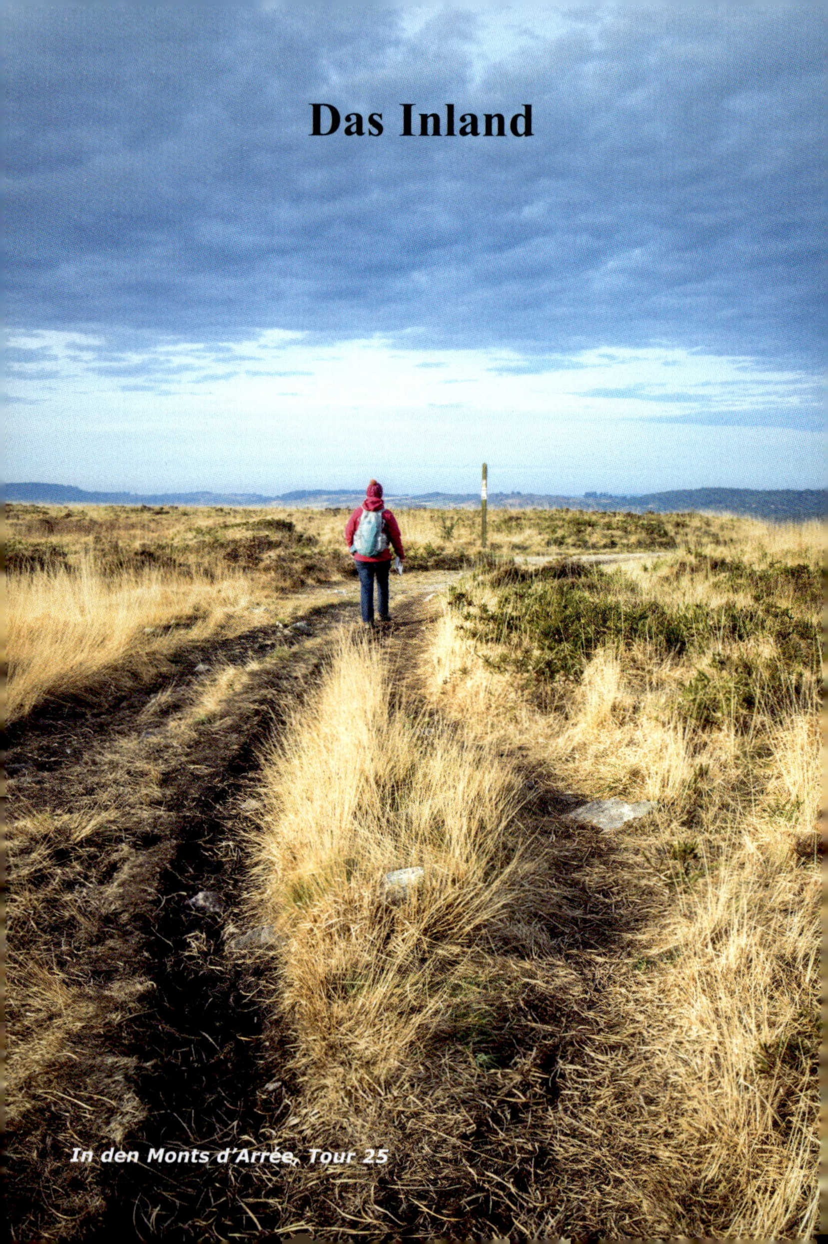

In den Monts d'Arrée, Tour 25

20 Zwischen Brière und Mès

Tour für Familien mit Kinderwagen und Liebhaberinnen und Liebhaber ursprünglicher Dörfer

Sie wandern durch Wälder, pittoreske Dörfer mit den für diese Gegend typischen Reetdächern und streifen das nach der Camargue zweitgrößte Moorgebiet Frankreichs.

Start/Ziel: Museumsdorf Kerhinet, GPS N 47° 21.789' W002° 21.051'

12,7 km

3 Std. 30 Min.

87 m/87 m

1-17 m

zu Beginn gelbe Streifen, zwischen km 4,1 und km 5 ohne Markierung, dann wieder gelbe Streifen, ab Kercradet auf dem GR 3 weiß-rot, zwischen km 9,2 und km 10,1 (Römerbrücke) ohne Markierung, dann wieder weiß-rot auf dem GR 3

Asphalt- oder befestigte Wirtschaftswege

Restaurant Auberge de Kerhinet im Museumsdorf, mehrere Restaurants in Bréca, Auberege Le Nezil (km 6,3)

zahlreiche Picknickmöglichkeiten in Bréca

WC im Museumsdorf

Der Weg ist auch für Kinder leicht zu bewältigen. Ein spannendes Museumsdorf, eine ungewöhnliche Römerbrücke, eine alte Mühle und ein großer Sumpf, wo bestimmt auch noch eine abenteuerliche Kahnfahrt wartet, machen die Tour auch für die Kleinen interessant.

Die Tour verläuft durchweg auf asphaltierten oder befestigten Wegen. Mit Kinderwagen sollten Sie daher die Wanderung gut gehen können.

Die Tour ist für Hunde problemlos machbar und zeichnet sich durch pfotenfreundliches Gelände aus.

P Parkplatz am Start/Ziel

Mit der Linie 2 (St. Nazaire – Herbignac) fahren Sie nach Kerhinet, Haltestelle „Kerhinet“ (direkt am Start der Wanderung), mehrmals täglich.

Der P Parkplatz des Museumsdorfes ist Ihr Startpunkt. Ein Besuch des Dorfes ist äußerst empfehlenswert. Dort können Sie auch eine Kleinigkeit essen oder trinken – je nach Uhrzeit vielleicht im Anschluss an die Tour. Hier befindet sich ein WC.

⌘ 🛈 Freilichtmuseum, 15 Kerhinet, 44410 Kerhinet. Das Museum und die dortigen Toiletten sind jederzeit zugänglich. Im Freilichtmuseum befindet sich auch das Touristenbüro, April-Juli, Mo-So 10:00-12:30 und 14:30-18:00.

Restaurant Auberge de Kerhinet, 10 Kerhinet, 44410 Kerhinet, ☏ 02 40/91 32 38, aubergedekerhinet.com, contact@aubergedekerhinet.com, ganzjährig Di-Do 10:00-15:30, Fr und Sa 10:00-15:30 und 18:30-22:30, So 10:00-17:00, saisonale und regionale Gerichte aus der Brière. Halbe Portionen für Kinder sind möglich. ☺ Zum Essen bitte reservieren!

Wenden Sie sich vom Parkplatz in Richtung der Straße und gehen Sie auf dieser nach links. Dabei lassen Sie das Museumsdorf links liegen. Schon nach 140 m biegen Sie rechts in die Dorfstraße Richtung Kerroux ein und folgen nun der gelben Markierung. Vorbei an Häusern mit Reetdächern leitet Sie der Weg aus dem schönen Dorf hinaus und bei km 0,6 an einem Metallkreuz ❶ nach rechts auf einen befestigten Feldweg.

Von Wildblumen am Wegesrand begleitet blicken Sie über weite Felder. Sie gelangen zu der Ansiedlung Le Cruttier (km 1,4) und folgen der gelben Markierung nach rechts bis zur Hauptstraße D47.

Die D47 ist sehr verkehrsreich. Überqueren Sie diese bitte mit aller Vorsicht!

Auf der anderen Straßenseite sehen Sie schon die gelbe Markierung, die Sie von der Landstraße wegführt. Die Dorfstraße geht in einen angenehmen Wanderweg über, Wald Wiesen und die Ausläufer des Sumpfes umgeben Sie. Die Wanderung führt Sie nach Le Pénelo (km 2,7), Pferde und weitere ursprüngliche Bauernhäuser erwarten Sie hier. Sobald Sie die Straße erreichen, biegen Sie nach rechts ab und folgen dann weiter den bekannten Zeichen. Margeritenwiesen werden von waldigen Flecken abgelöst. Dann macht der breite Wanderweg einen Knick nach links und läuft bei km 3,8 auf eine schmale Zufahrtsstraße zu. Rechts entdecken Sie die weitere Markierung. Sie erreichen das Ortseingangsschild von Bréca.

☺ Bevor Sie dem gelben Zeichen nach links folgen, statten Sie Bréca einen Besuch ab – geradeaus kommen Sie in das Dorf, wo Sie einkehren können, schöne Picknickbänke finden oder eine Kutschfahrt unternehmen können. Sobald Sie am Ende der Straße angekommen sind, finden Sie einen Bootsanleger ❷ (km 4,6). Haben Sie genügend Zeit eingeplant? Dann lassen Sie sich durch die Lagune des Brières schippern.

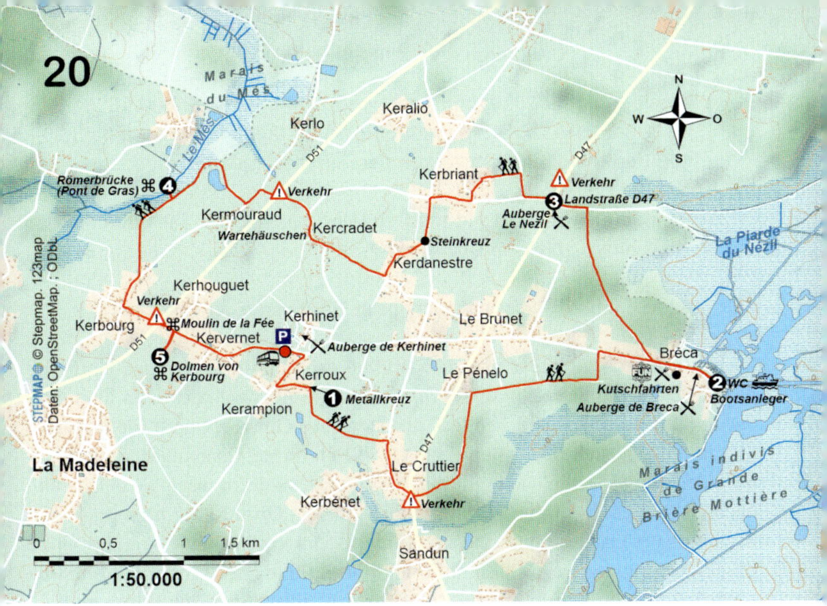

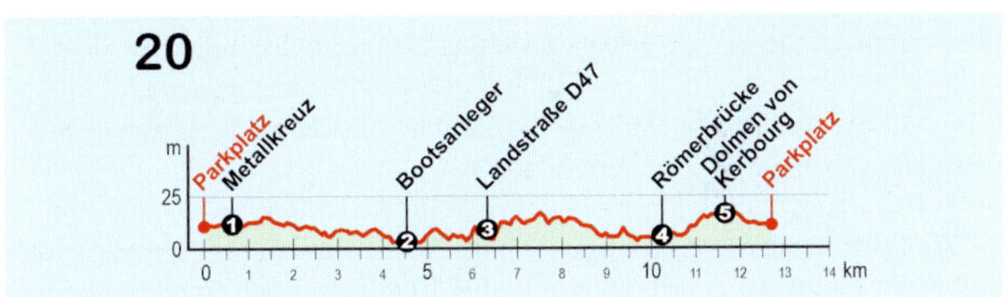

☺ Es gibt drei Anbieter von Boots- und Kutschfahrten in Bréca. In der Hauptsaison ist eine Reservierung obligatorisch.

Gehen Sie auf gleichem Weg zurück zum Ortseingangsschild und folgen Sie wieder dem gelben Streifen. Schön waldig ist es um Sie herum. Sie treffen auf eine Straße und folgen nach links dem Schild „Circuit des Ker“ und dem gelben Streifen.

Schon bald trifft der Weg wieder auf die Landstraße D47 ❸ (km 6,3). Hier finden Sie ein ✕ exquisites Speiselokal.

✕ Auberege Le Nezil, 20 Le Nezyl, Saint Lyphard 44410, ☏ 02 40/91 41 41, Mai-Sep Mi-Sa 12:30-13:30 und 19:30-20:30, So 12:30-13:30, Okt-April So 12:30-13:30, gehobene französische Küche, Reservierung obligatorisch

Wenden Sie sich an der Landstraße zunächst nach rechts. Ein Fußweg führt Sie am Straßenrand zu einem Überweg.

Seien Sie bitte wieder vorsichtig beim Überqueren der Fahrbahn!

Der markierte Weg führt Sie zunächst von der Landstraße weg und lenkt Sie nach 200 m rechts in den Wald. Gleich der erste Abzweig nach links führt Sie nach Kerbriant, einem Dörfchen, das an Asterix und Obelix erinnert. Die Wegzeichen leiten Sie durchs Dorf und links am Dorfteich vorbei. Dann treffen Sie wieder auf eine breitere Straße und wenden sich nach rechts – jetzt gehen Sie durch den neueren Ortsteil. Die gelbe Markierung führt Sie am Ortsausgang nach links und dann zu einer Gabelung mit einem schlichten Steinkreuz (km 7,7). Hier fehlt die Markierung! Biegen Sie nach rechts ab. Nach 200 m erreichen Sie Kerdanestre – ein weiteres idyllisches Dörfchen. Im Anschluss gehen Sie durch Felder, bis Sie die Ortschaft Kercradet erreichen. Vorbei an einem Wartehäuschen geht es durchs Dorf. Verlassen Sie hier die gelbe Markierung und gehen Sie weiter geradeaus.

An der Landstraße D51 müssen Sie sehr vorsichtig sein. Überqueren Sie diese und geben Sie auf den Verkehr acht!

Zunächst wandern Sie geradeaus von der Straße weg. Gehen Sie bei nächster Gelegenheit nach links. Sie erreichen nach 140 m einen nach rechts abzweigenden Wanderweg, der mit „Pont de Gras, Gallo-Romain" beschildert ist. Hier entlang laufen Sie an den verzweigten Ausläufern des Marais du Mès entlang.

Die Salzgewinnung in den Salzgärten Guérandes, der Region, in der diese Wanderung verläuft, hat eine lange Geschichte. Bereits in der Eisenzeit wurde hier Salz geerntet. In dieser Zeit entstanden die ersten Salinen. Ihre heutige Ausprägung erhielten die Salzgärten ab dem 10. Jh. Dabei wird das Meerwasser über ein System von Verdunstungsbecken geleitet, wobei der Salzgehalt pro Becken zunehmend steigt. Die Ernte erfolgt dann im Sommer. Der Winter ist dann die Zeit der Wartung und Reparatur der Anlagen. Auf diese Art und Weise kam die Gegend um Guérande über Jahrhunderte lang zu Ruhm und Reichtum.

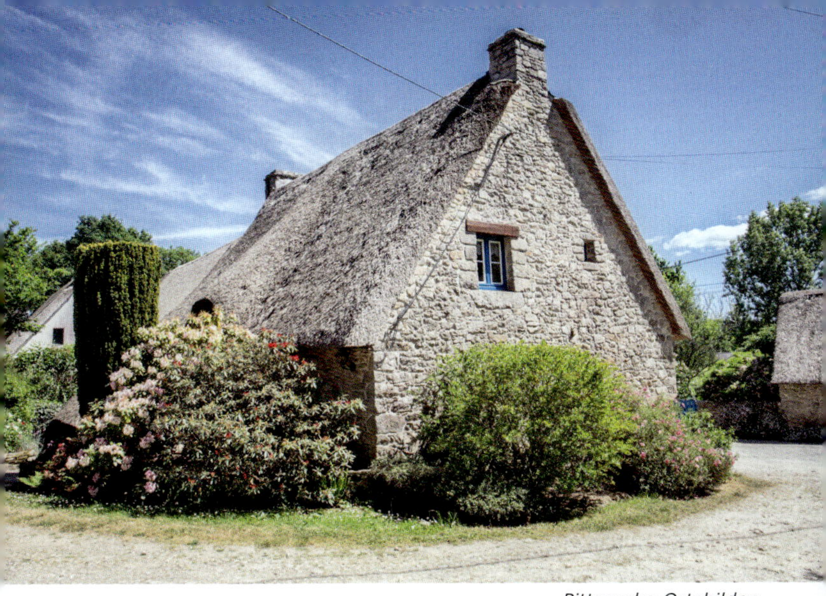

Pittoreske Ortsbilder

Folgen Sie dem Weg, bis Sie bei km 10,1 den Wegweiser zur ⌘ Römerbrücke ❹ (Pont de Gras) entdecken. Diese liegt nur 40 m neben dem Weg. Statten Sie ihr einen Besuch ab.

Die Pont de Gras verbindet die beiden Dörfer Kerbourg und Gras (daher der Name der Brücke). Die Brücke, die hier über die Mès führt, hat eher die Ausprägung eines Dammes als einer richtigen Brücke. Sie besteht aus einer Reihe von großen Steinen, die im Bachbett liegen. In der Mitte gibt es einen erhöhten Durchlass für die Mès, der durch eine große Steinplatte abgedeckt ist. Der Bau der Brücke wird ins 1. Jh. datiert.

Zurück auf dem Wanderweg gelangen Sie zu einer schmalen Straße, die Sie nach rechts – jetzt mit der weiß-roten Markierung des GR 3 – durch den Ort Kerbourg leitet. An der nächsten Kreuzung biegen Sie an einem silbrigen Metallkreuz und einem Stromhäuschen links ab. Dann gelangen Sie nach weiteren 260 m erneut zur Landstraße (km 11,4), ✋ die Sie mit aller Vorsicht queren. Schon sehen Sie ⌘ die Windmühle Moulin de la Fée (km 11,5) und gegenüber ein schlichtes Steinkreuz.

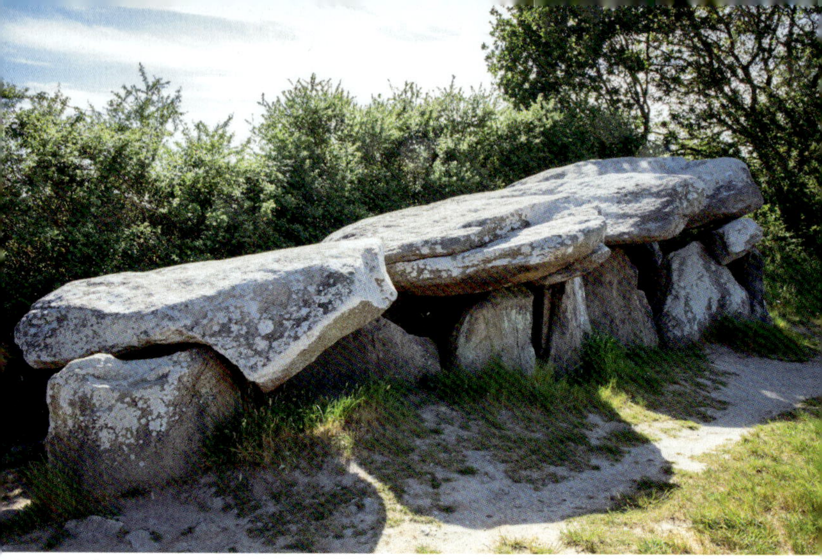

Dolmen von Kerbourg

Die Mühle hat eine lange Geschichte. Seit 1892 wurde hier Korn gemahlen. Mit der Industrialisierung wurden kleine Mühlen überflüssig, die Mühle begann zu zerfallen. Ein Schicksal, das sie mit unzähligen anderen Mühlen in ganz Europa teilte. Um die Jahrtausendwende beschloss man, die alte Mühle zu restaurieren und sie zur Stromgewinnung zu nutzen. Damit wurde sie zum Vorbild für viele Mühlen in der Gemeinde Guerande. So wird ein historisches Denkmal geschützt und gleichzeitig ökologisch Strom erzeugt.

Wenige Schritte, nachdem Sie die Mühle passiert haben, weist ein Schild nach rechts zu den beiden ⌘ Dolmen von Kerbourg ❺. Nehmen Sie sich die Zeit, diese zu besichtigen (km 11,6 und km 11,7).

Die Dolmen von Kerbourg gehört zu den Monumenten der Route Bleue (die „Blaue Route"). Die Route Bleue, die über Saint-Lyphard führt, verbindet eine Reihe prähistorische Baudenkmäler. Darunter befinden sich 11 bedeutende Grabanlagen und 3 Menhire.

Zurück auf dem Weg leitet Sie der weiß-rote Streifen zuverlässig, bis Sie Ihren Ausgangspunkt in Kerhinet wieder erreichen.

21 Wanderung durch die Steinzeit

Tour für Liebhaberinnen und Liebhaber alter Kulturen 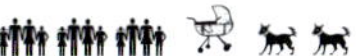

Sie sind ein Fan der Megalithkultur? Dann liegen Sie mit dieser Tour goldrichtig. Nach Carnac ist Saint-Just das zweitgrößte Megalithfeld der Bretagne. Die Wanderung führt Sie zu der Allée couverte von Tréal, vorbei an den Felsen von Saint-Just und zuletzt über den Circuit des Mégalithes durch das archäologische Gebiet. Die Besichtigung ist kostenlos.

- Start/Ziel: Parkplatz an der Kirche, Saint-Just, GPS N 47°45.910‘ W 001°57.675‘
- 12,5 km
- 3 Std. 30 Min.
- 182 m/182 m
- 23-77 m
- ohne Markierung, gelbe Streifen (ab km 0,5), weiß-rote Streifen (zwischen km 8,3 und km 9,7), danach wieder gelbe Streifen
- überwiegend befestigte Wirtschaftswege und asphaltierte Nebenstraßen
- Kiki et Domi und Bar des Landes am Start/Ziel
- Picknickmöglichkeit direkt am Bach (km 8,7), Aussichtsbank bei km 9,6
- Le panier gourmand nahe dem Maison Mégalithes et Landes
- WC im Maison Mégalithes et Landes am Start/Ziel
- Für kleinere Kinder könnte der Weg etwas zu lang sein. Die Megalithgräber sind jedoch bestimmt für alle Steinzeitfans interessant. Das Maison Mégalithes et Landes bietet außerdem Geocaching an.
- Der größte Teil der Wanderung ist zwar auch mit einem Kinderwagen machbar, die Bergetappe in der Mitte macht die Tour allerdings nicht empfehlenswert. Sie können jedoch die Wanderung „rückwärts“ angehen. Dann erleben Sie den Megalithpark und kehren einfach am Aussichtspunkt wieder um. Die Wegstrecke beträgt dann für Sie 5,8 km. Falls Sie die reguläre Wanderung dennoch machen wollen, sind Ausweichstrecken im Text angegeben. Die Gesamtstrecke verkürzt sich dann für Sie auf 11,4 km.
- Für Hunde ist die Strecke nicht immer schön. Es geht öfter über Asphalt. Nur an wenigen Stellen gibt es einen Zugang zum Wasser. Sie müssen daher immer genug Trinkwasser mitnehmen.
- P an der Kirche in Saint-Just am Start/Ziel der Wanderung
- Es gibt keine Busverbindung nach Saint-Just.

Zu Beginn der Wanderung befinden Sie sich auf P dem Parkplatz vor der ✞ Kirche von Saint-Just, auf dem Sie eine Toilette und eine Wandertafel finden. Rundherum gibt es in Sichtweite ⌘ das Megalith-Informationszentrum, einige Geschäfte und ein ✕ Lokal.

⌘ Maison Mégalithes et Landes, 10 Allée des Cerisiers, 35550 Saint-Just, ☏ 02 99/72 36 53 und 02 99/71 06 04, www.megalithesetlandes.com/, Mi-So 10:00-12:30 und 14:00-17:30, Juli-Aug 10:00-12:30 und 14:00-18:00, Okt Mi und Wochenende 10:00-12:30 und 14:00-17:30. Hier befindet sich auch ein WC.

Le panier gourmand, Allée des Cerisiers 16, 35550 Saint-Just, ☏ 06 83/16 33 11, variable Öffnungszeiten

✕ Kiki et Domi, 5 Rue de l'Abbé Corbe, 35550 Saint-Just, ☏ 02 99/72 45 58, Mi-Mo 9:30-19:00, Weihnachten und Neujahr geschlossen, Crêpes und Galettes auf Vorbestellung, kleiner Lebensmittelladen, Hunde erlaubt

Mit Blick auf die Kirche gehen Sie links an dieser vorbei, bis Sie den Parkplatz an einer Bank hinter sich lassen. Hier biegen Sie links in die Rue du Halgouet ein. Schon nach wenigen Schritten passieren Sie eine Bar, in der Sie einen Kaffee bekommen können.

Bar des Landes, 1 Rue du Halgouet, 35550 Saint-Just, ☏ 02 99/72 64 53, ganzjährig Di-Sa 7:45-19:30, So 7:45-13:30, warme und kalte Getränke und diverse Snacks

Eine Wegmarkierung fehlt bisher, Sie können sich jedoch am roten Gehweg orientieren. Aus dem Dorf heraus laufen Sie zwischen Feldern, bis Sie am Ortseingang des nächsten Dorfes ein Zebrastreifen auf die linke Fahrbahnseite lenkt. An der nach links abzweigenden Straße finden Sie nun erstmals die gelbe Markierung, die Sie im weiteren Verlauf gut führen wird.

Eine sehr ruhige Dorfstraße empfängt Sie. Schnell lassen Sie die letzten Häuser hinter sich. Eine Landschaft aus Feldern, Wald und Heide gleitet an Ihnen vorbei. Zur Linken steigt das Gelände leicht an.

Nach einer Kreuzung gehen Sie auf einige Häuser zu. In der Dorfmitte bei km 1,1 führt Sie der Weg an einem alten Backhaus ❶ vorbei. Das schmucke Dörfchen endet schon bald wieder und der Feldweg gewährt einen weiten Blick in die Ebene. Die zuverlässige Wegmarkierung leitet Sie rechts nach Poubreuil, einem weiteren gemütlichen Dorf. Die Hauptstraße ist ebenfalls ruhig, Sie errei-

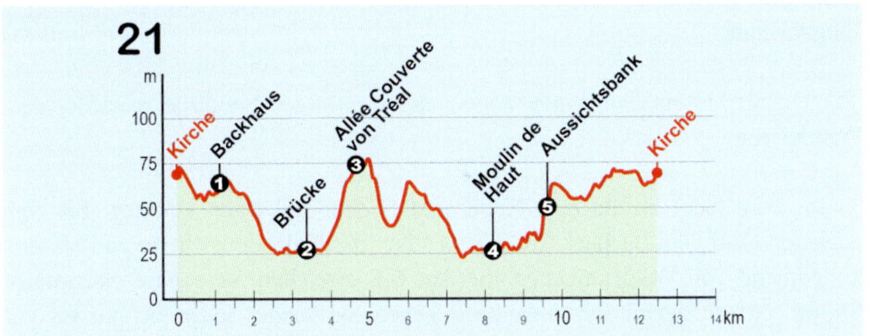

chen eine Bushaltestelle mit Wartehäuschen. Nach rechts auf die Hauptstraße und nach etwa 10 m wieder nach links, verläuft Ihr Weg – nun wieder zwischen Feldern. Der Feldweg mündet in eine T-Kreuzung bei sehr hohen Hecken. Sie folgen weiter der Markierung nach links und gehen nach einem Schwenk des Weges wieder zwischen Feldern. Bei erster Gelegenheit biegen Sie nach rechts ab.

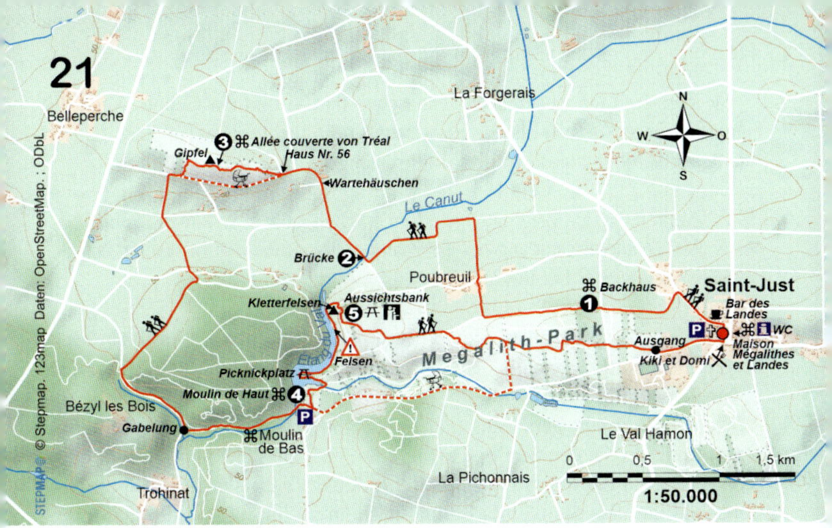

Achtung! Hier fehlt die Markierung.

Der nun eindeutige Weg führt Sie zur Straße, auf der Sie nach 70 m rechts die Brücke über den Le Canut erreichen ❷ (km 3,4). Am Straßenrand entlang führt Sie der Weg am Wegekreuz Richtung „Site Mégalithique Rocher de Tréal“.

Sie passieren ein weiteres Wartehäuschen (km 4) und ein Gehöft. Nach der lang gezogenen Kurve finden Sie nach Haus Nr. 56 rechts einen Fußpfad, der sich recht sportlich bergauf durch den Wald schlängelt.

Sollten Sie den Weg mit einem Kinderwagen gehen, so laufen Sie hier besser weiter geradeaus, entlang der Fahrbahn. Nach etwa 500 m vereint sich der reguläre Weg wieder mit Ihrem.

Auf dem Bergpfad laufen Sie vorbei an einigen flachen Felsen, dann leicht bergab. Schon 30 m weiter finden Sie das ⌘ Megalithbauwerk, die Allée couverte von Tréal ❸ (km 4,7).

Gehen Sie weiter geradeaus und bei der nächsten Möglichkeit nach links. Dann erreichen Sie den Berggipfel (km 4,8). Auch hier fehlt leider ein Wegweiser! Über einen Wiesenpfad, dann zwischen Kiefern gelangen Sie zu einem Hinweisschild, an dem Sie die Markierung nach links schickt. Zügig bergab erreichen Sie bei km 5,1 wieder die Straße. Rechts finden Sie die nächsten Wegzeichen.

Falls Sie mit dem Kinderwagen wandern, folgen Sie ab jetzt wieder dem Wanderweg.

Ihr Weg biegt ab auf eine Nebenstraße, dann auf einen Feldweg. Bis zum nächsten Dorf geht Ihr Blick weit. Dann steigt das Gelände leicht an und Sie sind zunehmend von Wald umgeben. Bei km 6,7 erreichen Sie erneut eine ruhige Straße. Neben einem schmalen Bach gehen Sie wieder leicht bergab bis zur Gabelung (km 7,4). Ab dort begleitet der Fluss Le Canut zu Ihrer Rechten Ihren Weg.

Hier könnte sich Ihr Hund einmal erfrischen.

Von der ⌘ Wassermühle Moulin de Bas bei km 7,9 finden Sie nur das Schild mit der gleichnamigen Aufschrift. Das Gebäude liegt verborgen hinter dichtem Gehölz und ist nicht zugänglich. Wenig später läuft die Straße über eine Brücke über den Le Canut und Sie sehen vor sich die ⌘ Molin de Haute ❹ (km 8,2). Auch diese Wassermühle befindet sich im Privatbesitz. Nach 150 m zweigt neben einem Parkplatz nach links ein mit weiß-roten Streifen gut ausgeschilderter Wanderweg ab, folgen Sie diesem.

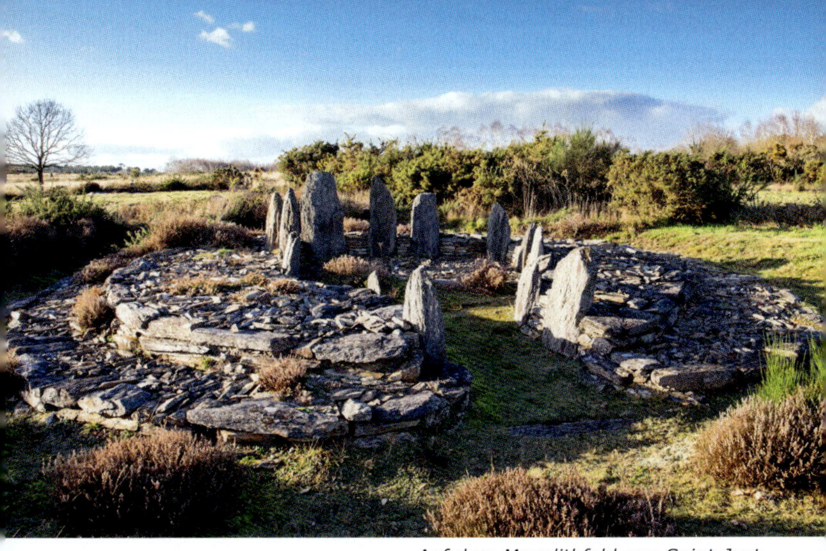

Auf dem Megalithfeld von Saint-Just

Mit einem Kinderwagen bleibt Ihnen dieser Weg verwehrt. Folgen Sie stattdessen weiter der Fahrbahn. Diese mündet nach 150 m in eine Straße. Hier wenden Sie sich nach links, bald bemerken Sie neben dem Weg einen Steinbruch. Dann steigt die Straße an und Sie queren einen Bach über eine Brücke. Nach etwa 100 m nehmen Sie links den abzweigenden Fußweg Richtung „Site Mégalithique, Landes de Cojoux". Hier 300 m geradeaus und Sie können nach rechts wieder an der regulären Wanderung teilnehmen.

Wenn Sie der Wanderung auf dem Fußweg folgen, gelangen Sie über schöne, ein wenig schwierige Wurzelpfade zu einer Brücke, die Sie über einen Bachlauf führt. Dann wandern Sie immer am Ufer des Stausees entlang und finden bei km 8,7 einen felsigen Platz, der sich für ein Picknick eignet.

An der folgenden Weggabelung fehlt eine Markierung. Hier nehmen Sie den rechten Weg bergauf und finden schon bald wieder zuverlässig die weiß-roten Zeichen.

Sie umgehen auf diesem Weg einen Felsen, der ins Wasser ragt. Der Pfad ist schwierig und es ist Trittsicherheit gefragt! Jüngere Kinder werden hier Hilfe benötigen.

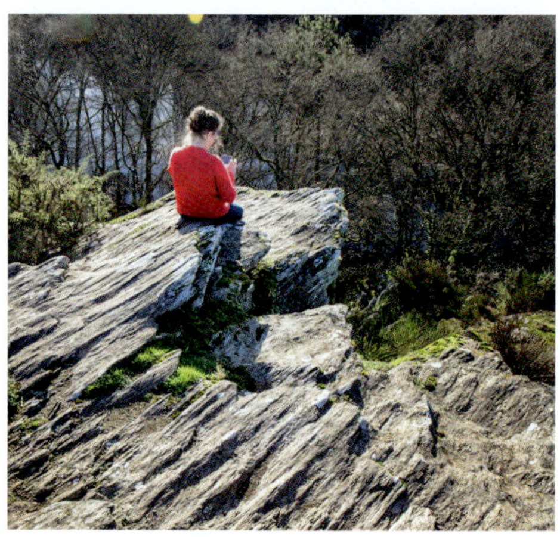
Besinnliche Pause

Zurück am Ufer türmt sich auf der Landseite ein Felsriegel auf, an dem Sie eingerichtete Kletterrouten in den Schwierigkeiten von 3a bis 6b (französische Skala) finden. Bald entfernen Sie sich vom Wasser und steigen einen schmalen Pfad empor. Auf der Hochebene angekommen haben Sie einen fantastischen Ausblick an einer Aussichtsbank ❺. Infotafeln kündigen Ihnen zudem das angrenzende Megalithfeld an.

Ihr weiterer Weg ist nun wieder mit dem gelben Streifen markiert und leitet Sie vorbei an unzähligen ⌘ steinzeitlichen Monumenten. Infotafeln erklären Ihnen die Details (☞ Tour 18).

Ein Hauptmerkmal dieser Megalithanlage ist, dass zahlreiche Monumente in der Bronzezeit, etwa 1.000 Jahre später, wieder Verwendung fanden.

Bei km 10,9 treffen Sie auf eine Kreuzung von Wanderwegen, an der sich der weiß-rote und der gelbe Weg trennen. Sie folgen weiter dem gelben Zeichen.

Sollten Sie die große Kinderwagenroute laufen, dann treffen Sie hier wieder auf den regulären Weg.

Teils über Holzstege, besichtigen Sie die Ausgrabungsstätte und erreichen bei km 12 den Ausgang des Parks. Auf dem Gehweg laufen Sie nun entlang der Straße zurück nach Saint-Just, Ihrem Ausgangspunkt.

Habt Ihr die Schilder auf dem Boden entdeckt? Das sind Zeittafeln. Sie zeigen, wie lange die Megalithzeit schon zurückliegt. Wo etwa ist euer Geburtstag?

22 Auf den Spuren des Heiligen Grals

Tour für Liebhaberinnen und Liebhaber von Bachlandschaften und Fans der Artussage

Sie wandern durch die wilde Landschaft des Val Sans Retour, steigen hinauf zum Megalithgrab Hôtié de Viviane („Haus der Viviane") und durchstreifen eine herrliche Heidelandschaft, durch die Sie zum Château de Trécesson gelangen. Zurück geht es dann durch Wald und Heide.

Start/Ziel: Parkplatz am Touristenbüro in Tréhorenteuc, GPS N 48° 00.455' W 2° 17.251'

15,2 km

4 Std. 30 Min.

280 m/280 m

86-190 m

ohne Markierung

Im Val Sans Retour gibt es z. T. unbefestigte Pfade. Besondere Vorsicht erfordert eine sehr anspruchsvolle Passage an der Engstelle des Baches. Ansonsten gibt es befestigte Wander- und Forstwege und kaum befahrene Straßen.

Brocéliande Café in Tréhorenteuc (100 m vom Start/Ziel entfernt)

Bänke an der Infotafel (km 0,8) und am Arbre d'Or (km 0,9)

In Tréhorenteuc gibt es einen Souvenirladen.

WC in Tréhorenteuc am großen Parkplatz östlich der Kirche

Die Tour wartet im Val Sans Retour mit einigen schwierigen Passagen auf. Kinder werden sich hier – bei entsprechender Vorsicht – über ein Abenteuer freuen. Auf dieser Tour gibt es viel zu sehen und zu erleben, sodass bei Kindern – sofern sie längere Wanderungen gewohnt sind – keine Langeweile aufkommen wird.

Die Wanderung ist mit einem Kinderwagen nicht zu empfehlen. Gerade einmal bis zum „Goldenen Baum" könnten Sie den Versuch wagen. Hin und zurück ist dies eine Strecke von 1,8 km.

Für Hunde geeignet. An einigen Stellen ist evtl. Ihre Unterstützung erforderlich. Gegebenenfalls müssen sich die Vierbeiner auf den schwierigen Passagen im Val Sans Retour tragen lassen.

P am Touristenbüro in Tréhorenteuc

Es gibt keine Busverbindung.

Von Oktober bis März ist der Weg gesperrt.

Sie beginnen Ihre Wanderung am Touristenbüro von Tréhorenteuc in Sichtweite der Gralskirche.

Office de tourisme de Tréhorenteuc, 1 Place Abbé Gillard, 56430 Tréhorenteuc, ☏ 02 97/22 36 43, www.broceliande-vacances.fr, April-Sep tägl. 10:00-18:00

Dieser wenden Sie zunächst den Rücken zu und folgen der Straße Richtung „Arbre d'Or, Val Sans Retour". Bei der Einmündung in die Rue de Brocéliande wenden Sie sich nach rechts und nach wenigen Schritten an der Gabelung nach links, vorbei am Parkplatz.

Zwischen Feldern laufen Sie dem Wald entgegen, neben Ihnen plätschert ein Bach. Bei km 0,8 endet der Asphalt, Sie passieren eine Wanderkarte und eine Bank, ehe hinter der Wegschranke der Forstweg beginnt. Gerade einmal 100 m weiter biegen Sie nach links ab in Richtung des „Goldenen Baums" ❶, den Sie – vorbei am See Miroir aux Fées („Feenspiegel") – nach weiteren 50 m bei km 0,9 erreichen.

Der Arbre d'Or („Goldener Baum") ist ein Kunstwerk des französischen Bildhauers François Davin. Es entstand 1991und erinnert an einen verheerenden Waldbrand von 1990, bei dem 400 ha Wald vernichtet wurden. Der vergoldete Baum soll dabei die Wiedergeburt des zerstörten Waldes symbolisieren. Er ist von fünf verkohlten Baumstämmen umgeben, die für die Vergänglichkeit der Natur stehen.

Sie gehen wieder zurück, vorbei am See und kehren auf den Forstweg zurück. Der Weg führt Sie nun in das Tal ohne Wiederkehr, das Val Sans Retour.

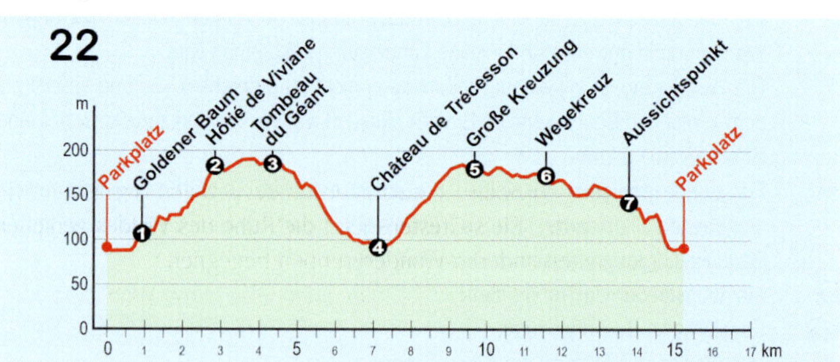

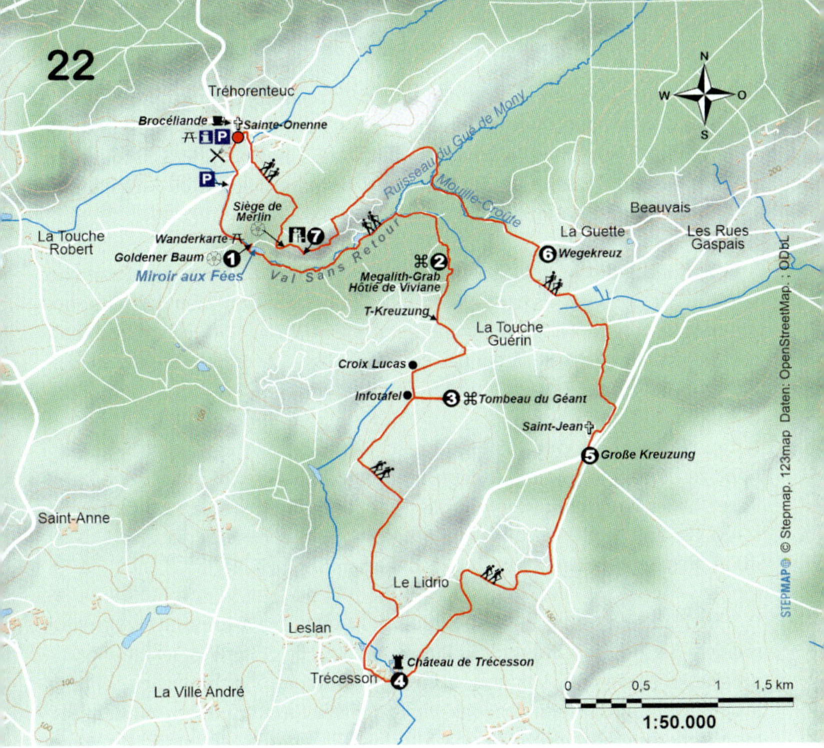

Der Pfad kann an manchen Stellen schmal und schwierig sein. Achten Sie also auf jüngere Kinder, die dort Hilfe benötigen könnten. Besonders vorsichtig müssen Sie an der Engstelle des Baches sein. Der Weg geht hier über steile Felsen, die bei Nässe sehr rutschig sein können. Sturzgefahr!

Sie bleiben immer auf der rechten Seite des Ruisseau du Gué de Mony. Es geht vorbei an einem weiteren See. Dann gelangen Sie zu einer Brücke (km 2), die Sie links liegen lassen – bleiben Sie auch hier auf der rechten Bachseite. War es bisher lebendig, so werden Sie spätestens jetzt die Ruhe des Waldes genießen können und nur noch selten anderen Wandergruppen begegnen.

Sie folgen dem Bachlauf noch 200 m, dann sehen Sie einen Wegweiser, der auf den ersten Blick ausschließlich nach links weist. Schauen Sie genauer, dann finden Sie einen handgemalten Pfeil nach rechts, der zum „Haus der

Viviane" weist. Nehmen Sie hier den Weg nach rechts und bergauf. Bleiben Sie immer auf dem deutlichen Hauptweg, bis Sie nach 400 m an eine Gabelung gelangen. Der linke, etwas schmalere Pfad führt Sie bergauf über Felsen, umgeben von lichtem Wald. Am höchsten Punkt befindet sich das ⌘ Megalithgrab Hôtié de Viviane ❷ (km 2,8).

Die Konstruktion des Megalithgrabs Hôtié de Viviane ist in dieser Form eher selten in der Bretagne. Es hat die Form einer Truhe, misst 2,9 m in der Länge und 1,4 m in der Breite. Die Seitenwände werden von 12 roten Schieferplatten gebildet. Dem Mythos nach stellt der Bau eine Zufluchtsstätte der Fee Viviane auf dem Weg zu Merlin dar.

Nun wird die Wegfindung etwas schwieriger: Der Weg läuft auf eine Felsrippe zu. Sobald Sie diese erreicht haben, folgen Sie dieser nach links und bis zu ihrem Ende. Dort umrunden Sie das Felsende nach rechts. Zwischen Ginster sehen Sie nun zwei Pfade. Wählen Sie den linken, der Sie bergab führt. Nach 40 m mündet er in einen weiteren Pfad. Gehen Sie auch hier nach links.

Der Pfad wird bald zum Forstweg und mündet in eine T-Kreuzung. Nach links wandern Sie zwischen Wiesen und Pferdekoppeln. Hinter der Wegschranke gelangen Sie zu einem Parkplatz und halten sich dort rechts. Nach wenigen Schritten taucht der Trampelpfad in den Wald ein und mündet nach ca. 20 m in einen breiten Wanderweg. Gehen Sie hier nach rechts. Bei km 4 erreichen Sie ein Wegekreuz.

Bei dem Kreuz handelt es sich um das Croix Lucas, ein altes Schieferkreuz. Es erinnert an eine Schlacht im Jahr 876. Die Herrscherliste des Königreichs Bretagne war da noch kurz. Nach Nominoë regierte Erispoë und danach Salomon, alle nur ein paar Jahre. Letzterer hatte zwei Schwiegersöhne – Gurvant und Pascweten – die hier gewaltsam um seine Nachfolge stritten, nachdem sie zuvor zwei Jahre lang gemeinsam regiert hatten. Das Ergebnis der Schlacht war zuungunsten von beiden. Statt eines Siegers übernahm Judicaël, der Sohn von Gurvant, die Krone.

Nach links wechseln Sie auf einen ebenfalls breiten Weg. Sie gehen geradeaus bis zur Infotafel über das Tombeau du Géant und dort nach links, dann gelangen Sie zu eben diesem ⌘ Hünengrab ❸ (km 4,4).

Auch das Tombeau du Géant ist ein einzigartiges Megalithdenkmal der Bretagne. Es entstand durch den Umbau anderer Megalithbauwerke. Für den Bau dieses Grabes wurden an anderer Stelle vier Menhire abgerissen und hier neu genutzt. Ein weiterer Menhir liegt noch in unmittelbarer Nähe des Grabs im Wald. Er wurde wohl nicht gebraucht.

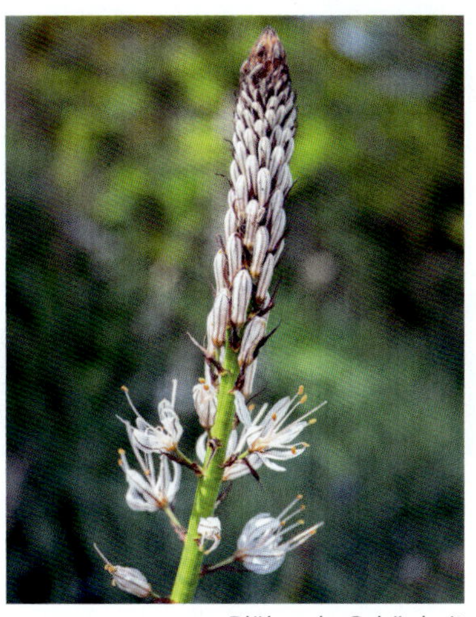

Blühende Schönheit

Gehen Sie zurück bis zur Infotafel. Nach links zweigen zwei Wege ab, Ihrer ist der Rechte von beiden. Durch karge Heidelandschaft geht es weiter, bei der nächsten Gabelung entscheiden Sie sich für links. Bergauf erreichen Sie eine T-Kreuzung und wechseln nach rechts in den ersten der zwei parallel verlaufenden Wege. Diesem folgen Sie nun für eine ganze Weile. Es geht steil und ein wenig felsig den Berg hinunter. Am Waldrand wird die Vegetation lieblicher.

Bald finden Sie sich in offenem Gelände wieder, der Weg geht in eine Straße über und Sie passieren einzelne Häuser. Bei km 6,9 ist die Landstraße D312 erreicht, am Straßenrand halten Sie sich hier rechts. Sobald Sie auf der rechten Seite die Teiche bemerken, ist es nicht mehr weit, bis von rechts eine Straße einmündet. Sie überqueren die D312, verlassen diese und gehen auf einem schmalen Dorfweg weiter, der Sie zwischen Wirtschaftsgebäuden hindurchführt.

Sobald Sie auf dem Hofplatz angekommen sind, ist der weitere Weg nicht ganz offensichtlich. Zwischen Bäumen und Gebäude zur Linken finden Sie ein unscheinbares blaues Schild, das Sie zum Schloss leitet. Hier beginnt ein Wiesenweg, den Sie einschlagen.

An der Einmündung zur Straße wenden Sie sich nach links. Sobald Sie bei km 7,1 das Ufer des Weihers erreicht haben, sehen Sie schon das Château de Trécesson ❹.

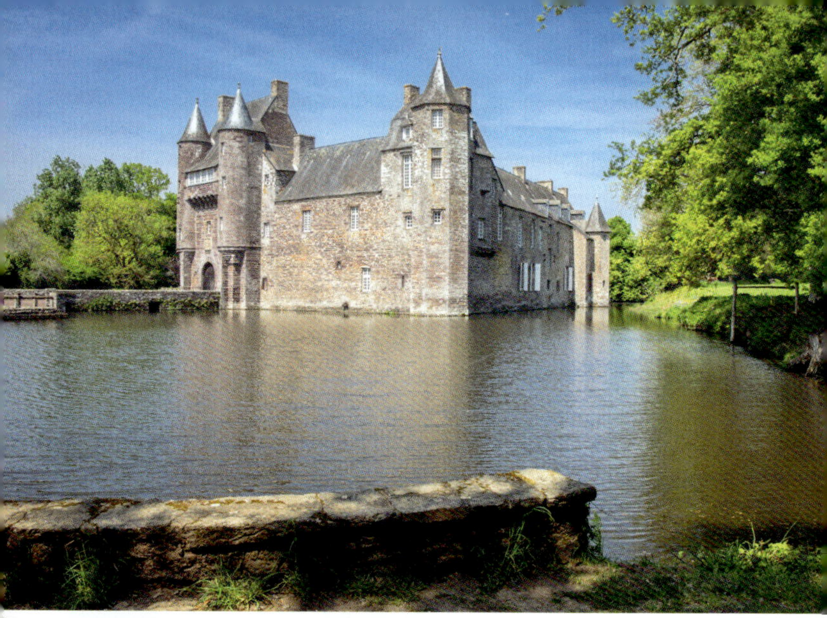

Château de Trécesson

Der Brocéliande ist der größte Wald der Bretagne, er ist das Herzstück der Region. Er steckt voller Mythen rund um die Artussage. Am Start Ihrer Wanderung steht die Gralskirche, Sie gehen am Hôtié de Viviane vorbei, in dem Viviane übernachtet hat auf dem Weg zu Merlin, dessen Grab selbstverständlich auch hier zu finden ist. Am Lac de Trémelin ist gar Excalibur, das berühmte Schwert von König Artus, zu bewundern.

Der Brocéliande ist auch Sitz zahlreicher Schlösser, z. B. des berühmten Schlosses Comper, in dessen See die Fee Viviane den Ritter Lancelot aufzog.

Das Château de Trécesson, entstanden zwischen dem 14. und 15. Jh., gilt als das schönste Wasserschloss des Brocéliande-Waldes. Es befindet sich in Privatbesitz und kann nicht besichtigt werden.

Wenn Sie am Ende des Schlossweihers angekommen sind, spähen Sie nach rechts in den Wald. Dort werden Sie ein rundes Gebäude bemerken. Das war der Taubenschlag des Schlosses. Bleiben Sie weiter auf der Straße. Der Asphalt weicht einer Schotterbefestigung, viel Grün umgibt Sie. Bei km 9,7 gelangen Sie zu einer riesigen Kreuzung ❺.

Die Landstraße überqueren Sie in Gehrichtung. Auf der anderen Straßenseite zweigt links eine schmale Straße ab und verläuft weiter parallel zur Landstraße. Dieser folgen Sie zur ✞ Kapelle Saint-Jean, vermutlich eine Kapelle des Templerordens. Über einen Fußweg nach rechts gelangen Sie auf einen Trampelpfad, der neben der Landstraße verläuft. Bei erster Gelegenheit verlassen Sie die laute Straße nach links. Ein Wegweiser nach Tréhorenteuc markiert den Pfad.

Zuerst in einer weiten Rechtskurve, dann immer geradeaus, erreichen Sie nach 600 m eine schmale Straße. Hier gehen Sie links und nach wenigen Schritten gleich wieder nach rechts und durch den Wald. Schon bald mündet der Pfad erneut in eine schmale Straße. Auch hier biegen Sie links ab, um nach wenigen Metern nach rechts auf die Dorfstraße zu wechseln. Sie wandern vorbei an den Häusern und danach noch ein Stück aus dem Dorf heraus, bis Sie auf der rechten Seite ein Wegekreuz ❻ finden. Nach links zweigt ein Wanderweg ab, der Sie bergab zurück ins Val Sans Retour führt. Dabei erreichen Sie zunächst den Waldrand und folgen dem Bachlauf des Ruisseau Mouille-Croûte. An dessen Mündung in den Ruisseau du Gué de Mony, den Sie schon vom Beginn der Tour kennen, überqueren Sie die Brücke nach rechts und folgen dem Weg über eine weitere Brücke.

Bald haben Sie den Wald verlassen und treffen auf einen breiten Forstweg. Biegen Sie nach 100 m nach links auf einen Fußweg ab. So erreichen Sie einen Aussichtspunkt mit Blick auf das Tal ❼ (km 13,8). Vorbei an auffälligen Felsen, die den Namen Siège de Merlin – „Sitz des Merlin" – tragen, knickt der Pfad wieder nach rechts ab und kehrt auf den breiten Hauptweg zurück. Nach links und dann gleich in einer Rechtskurve durchwandern Sie Wald und Heide, dann eine Allee zwischen Wiesen. Tréhorenteuc rückt näher.

An der Straße geht es nach rechts, Sie passieren einen großen Parkplatz mit öffentlicher Toilette. Am Schild „Office du Tourisme" überqueren Sie die Fahrbahn und laufen auf die ✞ Kirche Sainte-Onenne zu. Damit haben Sie das Ziel der Wanderung erreicht.

☺ In Tréhorenteuc gibt es gut 100 m vom Start/Ziel entfernt ein empfehlenswertes Café.

Brocéliande Café, 4 Rue de Brocéliande, 56430 Tréhorenteuc, ☏ 02 97/93 27 93, tägl. 10:00-19:00, im Herbst und Winter Di und Mi geschlossen

23 Lac de Guerlédan und Landes de Liscuis

Tour für Liebhaberinnen und Liebhaber von Flusslandschaften und aussichtsreichen Höhen

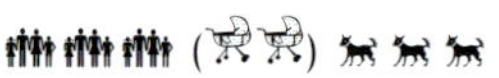

Sie wandern entlang des alten Nantes-Brest-Kanals, passieren herrliche Aussichtspunkte und besteigen zu guter Letzt den Landes de Liscuis mit seinen skurrilen Felsen und den drei bekannten Megalithgräbern.

Start/Ziel: Café de l'Abbaye in Bon Repos, GPS N 48° 12.714' W 3° 07.806'

15,6 km

5 Std. 30 Min.

376 m/376 m

126-245 m

auf dem GR 341N weiß-rote Streifen (bis km 6,8), anschließend ohne Markierung, grünes Fahrradzeichen (ab km 9,4 bis km 11), ohne Markierung (ca. 100 m), dann wieder weiß-rote Streifen

breite, befestigte Wanderwege, dann schmale, felsige Pfade, die Konzentration erfordern; einige asphaltierte, ruhige Straßen

Café de l'Abbaye direkt am Start/Ziel und einige Restaurants in der näheren Umgebung

Bänke bei km 0,7 und km 1,6 sowie ein Picknickplatz bei km 6,1

Der Weg ist zwar im Bereich der Blavet recht felsig und wurzelig, sollte aber für Kinder keine unüberwindbaren Schwierigkeiten darstellen. Entlang des Ufers gibt es für Kinder zudem sicherlich viel zu entdecken und die Felsen auf der Höhe des Landes de Liscuis sind auch interessant und stecken voller Abenteuer.

Vom Parkplatz bis zur Schleuse ist der Weg auch mit einem Kinderweg zu meistern. Ab dort ist eine Ausweichstrecke im Text beschrieben, da die Wege sonst zu schwierig werden. Wenn Sie der Kinderwagenrunde folgen, ist die Strecke 5,6 km lang.

Kleinere Hunde haben an den Felsen vermutlich Schwierigkeiten. Der überwiegende Teil sollte jedoch zu schaffen sein. Abseits vom Seeufer benötigen Sie Trinkwasser für Ihr Tier.

Parkplatz am Start/Ziel

Mit der Linie 20 (Loudeac – Carhaix) fahren Sie nach Bon Repos, Haltestelle „Bon Repos", 4-mal am Tag. Der Wanderweg befindet sich an der Haltestelle am Ende des Parkplatzes (2 hölzerne Schranken, bei km 15,2 der Wanderung).

Falls Sie auf den letzten Teil der Wanderung zu den Megalithanlagen verzichten möchten, ist Ihre Wegstrecke 11,9 km lang.

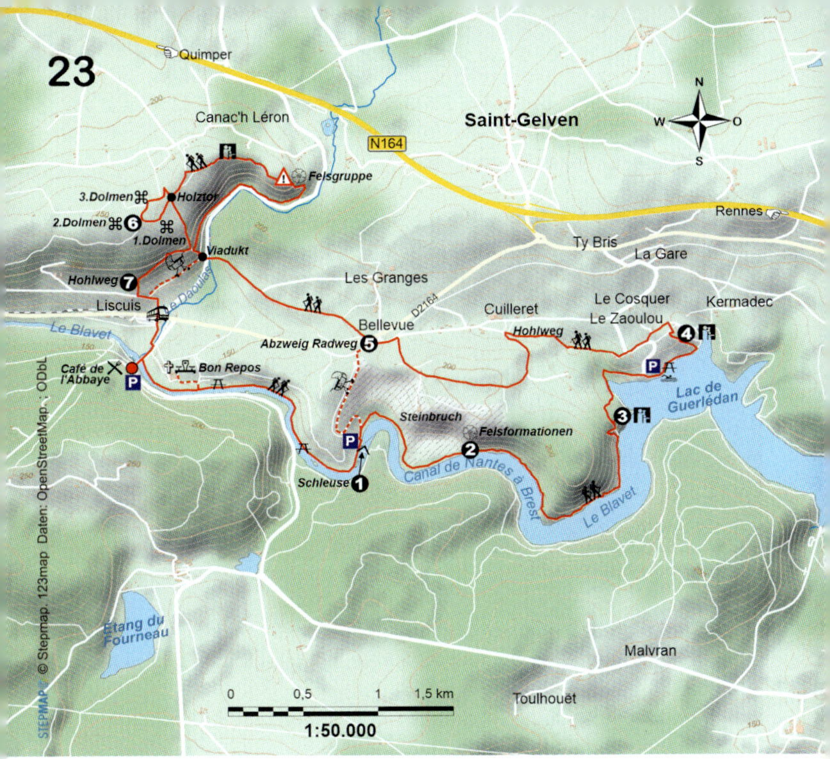

23

Quimper
Canac'h Léron
Saint-Gelven
N164
Felsgruppe
3.Dolmen
Holztor
2.Dolmen 6
1.Dolmen
Viadukt
Hohlweg 7
Liscuis
Le Daoulas
Le Blavet
Les Granges
Bellevue
D2164
Cuilleret
Ty Bris
La Gare
Le Cosquer
Le Zaoulou
Kermadec
Rennes
Hohlweg
4
Abzweig Radweg 5
Café de l'Abbaye
Bon Repos
Steinbruch
Felsformationen
2
3
Lac de Guerlédan
Schleuse 1
Canal de Nantes à Brest
Le Blavet
Etang du Fourneau
Malvran
Toulhouët
0 0,5 1 1,5 km
1:50.000

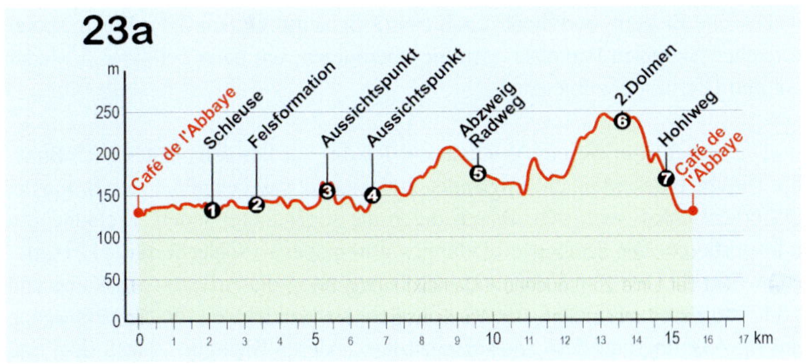

Start der Wanderung ist vor dem ✕ Ausflugslokal.

Café de l'Abbaye, Bon Repos, 22570 Bon Repos sur Blavet, ☏ 02 96/24 91 06, Küche tägl. 12:00-14:00 und 19:00-22:00, Crêperie.
☺ Bitte reservieren Sie einen Tisch!

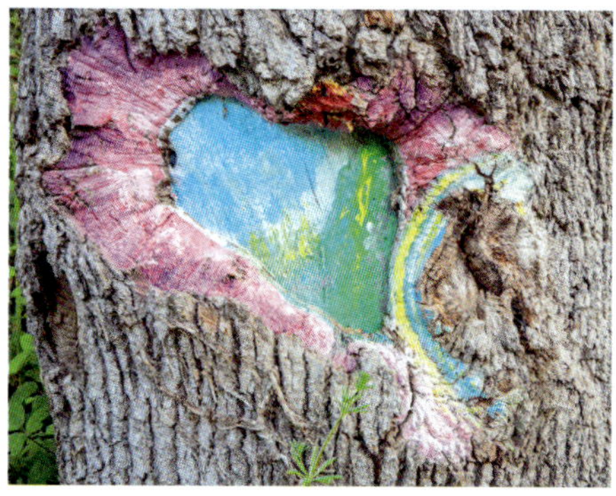
Kunst am Baum

Gehen Sie über die Brücke und biegen Sie nach rechts auf den breiten und ebenen Fußweg längs des Flusses ein. Der Fluss ist hier noch relativ schmal, verbreitert sich jedoch im Laufe des Weges zum Stausee. Die weiß-rote Markierung ist für Ihre Orientierung die maßgebende. Schon jetzt können Sie das ✞ Kloster durch das Grün der Bäume erahnen.

Hunde erreichen immer wieder das Ufer. Die Strömung ist jedoch recht stark. Seien Sie also vorsichtig und wählen Sie möglichst seichte Stellen aus.

Bei km 0,6 finden Sie nach links einen Fußweg zum ✞ Kloster.

Der Weg ist eindeutig, bei km 0,7 und 1,6 warten Bänke auf Sie. Der Fluss macht eine Biegung und fließt durch eine > Schleuse ❶ (km 2,1). Wenig später erreichen Sie einen Parkplatz, den Sie überqueren, um dann bei km 2,3 wieder auf den Uferweg abzubiegen.

Die Blavet ist in diesem Abschnitt ein Teil des Kanales von Nantes nach Brest. Im 16. Jh. blockierten die Engländer zunehmend das Seegebiet der Bretagne. Daher entschloss man sich, Waren durch die sogenannte „innere Bretagne" zu transportieren. Die Straßenverbindungen waren aber so schlecht, dass 1716 der erste Plan für den Kanal entstand. 1806 begannen die Arbeiten am Kanal und 1842 wurde er eröffnet. Er diente vor allem als Handelsweg für die Versorgung der Bevölkerung und der Landwirtschaft der „inneren Bretagne". Nach dem Bau der Staumauer des Lac de Guerlédan war der Handelsweg nicht mehr durchgängig befahrbar und wurde daher aufgegeben.

Mit dem Kinderwagen sollten Sie hier weiter der Straße bergauf folgen. Die Straße mündet in eine T-Kreuzung. Dort biegen Sie nach rechts ab und treffen nach 200 m wieder auf die reguläre Wanderstrecke. Für Sie geht es hier auf dem Radweg (❺) nach links Richtung Carhaix, Bon Repos, Rostrenen und Gouarec weiter.

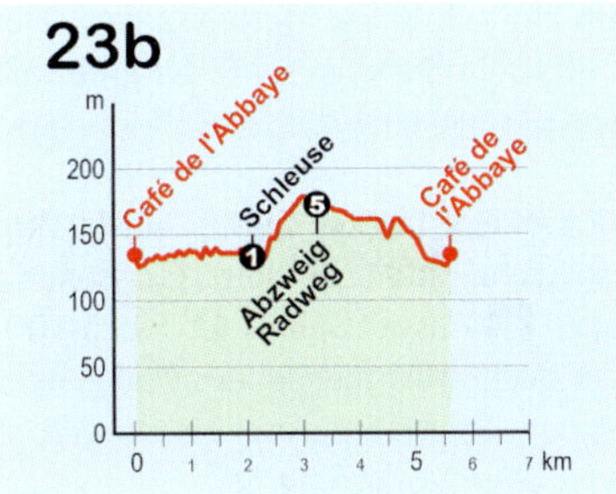

Zu Fuß bleiben Sie auf dem Uferweg, der nun schmaler wird, zuweilen anstrengende Passagen aufweisen kann und teilweise auch Trittsicherheit erfordert.

Falls jüngere Kinder mitwandern, brauchen sie hier eventuell Hilfe.

Immer wieder gelingt der Blick in den angrenzenden Steinbruch. Dann gelangen Sie bei km 3,4 zu einer markanten Felsformation ❷. Hier sind in Ufernähe Kletterrouten eingebohrt.

Der Uferweg verläuft auf und ab, umgeht Felsklippen, die in das Wasser ragen. Am höchsten Punkt bei km 5,4 treffen Sie auf eine Gabelung. Der rechte Weg führt Sie zu einem Aussichtspunkt ❸, von dem aus Sie den ganzen See überblicken können. Von hier kehren Sie auf den Wanderpfad zurück.

Ihr Weg ist an einem Stein mit dem weiß-roten Zeichen markiert. Direkt hinter dem Stein läuft der Weg nach rechts!

In Kehren gelangen Sie wieder zum Seeufer. Ein sumpfiger Abschnitt wird mit Stegen überbrückt. Dann geht der Weg in eine geteerte Straße über. Immer auf dem Weg, der dem Ufer am nächsten liegt, laufen Sie an einem Parkplatz und an einer Wegschranke vorbei. Neben einem Steinkreuz finden Sie einen Picknickplatz mit einem Badesteg.

Der Lac de Guerlédan verdankt seine Entstehung dem Bau eines Wasserkraftwerkes, das im Jahr 1923 begonnen und 1930 fertiggestellt worden ist. Durch den Bau der Staumauer ist das Tal der Blavet und seine Seitentäler erheblich überschwemmt worden, sodass etliche Schleusen des Nantes-Brest-Kanals und ein Dorf im Wasser verschwanden. Der See hat eine Länge von 12 km, ist ca. 300 ha groß und ist somit der größte See der Bretagne. Heute werden der Kanal und der See auch zunehmend touristisch genutzt.

Der erst breite, dann schmale Weg schwingt sich steil empor. Durch eine Linkskehre und über einige Grasstufen zwischen Felsen erreichen Sie einen weiteren Aussichtspunkt ❹. Noch 100 m weiter und Sie befinden sich am Ende der Bucht. Hier mündet der Pfad in einen Schotterplatz, von dem eine Fahrstraße abgeht. Folgen Sie dieser bis zur geteerten Straße. Hier gehen Sie nach links, ab jetzt ohne Markierung.

Der Fahrweg trifft auf die ruhige Landstraße D95. Hier geht es nach rechts und nach 150 m geradeaus auf eine schmale, abzweigende Straße mit einem Sackgassenschild. Sie wandern an Häusern vorbei, dann auf einem Schotterweg, bis Sie am letzten Haus nach links auf den Fußweg wechseln (km 7,5). Dieser ist zuerst ein breiter Feldweg, bald ein Hohlweg, der nach Regenfällen leicht überspült sein kann. Ist das der Fall, empfiehlt es sich, direkt links des Hohlweges auf einem sehr unscheinbaren schmalen Pfad parallel zum Hohlweg weiterzugehen.

An der Einmündung in den asphaltierten Weg biegen Sie nach links ab. In einem weiten Bogen folgen Sie dem Weg bis zu einer Linkskurve. Hier zweigt nach rechts ein Feldweg ab. Ein unscheinbares Schild weist den Weg als Fußweg aus. Die Wegspur ist bald undeutlich und läuft am Rande eines Feldes entlang. Dann geht es am Ende des Feldes rechts in den Wald auf einem sehr unscheinbaren Graspfad. Im Wald wird die Wegfindung wieder einfacher und der Weg ist nun deutlich zu erkennen.

Bei km 9,1 geht der Wanderweg in eine Zufahrtsstraße über. Diese mündet nach 300 m in eine schmale Straße, an der Sie sich links halten. Geradeaus ist die Strecke mit einem grünen Fahrradzeichen markiert, daran können Sie sich orientieren. Sie passieren ein weißes Haus. Dahinter zweigt der Radweg nach rechts Richtung Carhaix, Bon Repos, Rostrenen und Gouarec ab ❺. Folgen Sie diesem.

Mit dem Kinderwagen treffen Sie hier wieder auf den regulären Weg.

Schon nach ein paar Schritten stehen Sie an der Landstraße D2164. Es sollte nicht viel Verkehr herrschen, seien Sie jedoch trotzdem vorsichtig beim Überqueren. Auf der anderen Straßenseite empfängt Sie ein bequemer Rad-, Reit- und Fußweg, eine alte Bahntrasse mit Alleebäumen, hübsch zwischen Feldern gelegen. Den Viadukt erreichen Sie bei km 10,9.

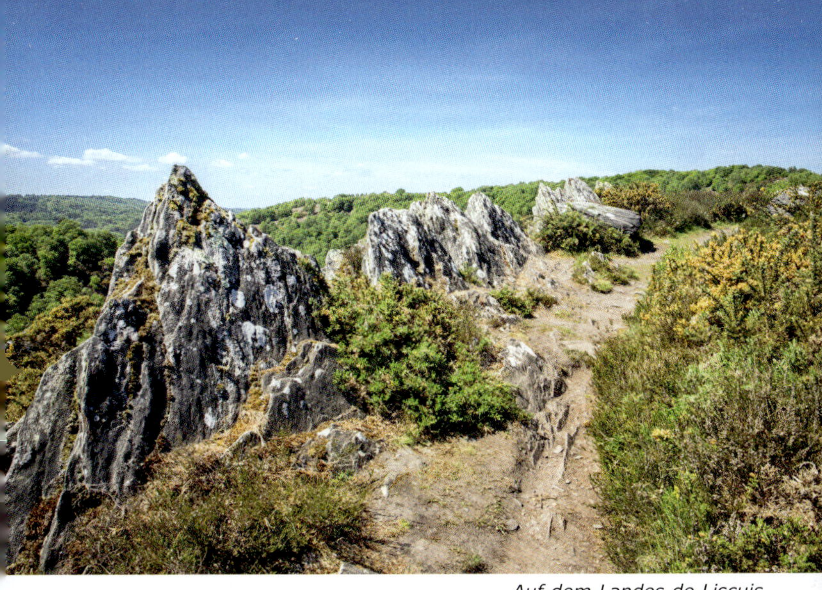

Auf dem Landes de Liscuis

↳ Falls Sie mit dem Kinderwagen wandern, treten Sie nach dem Viadukt den Heimweg an. Dafür bleiben Sie einfach auf der Bahntrasse, bis diese auf einer T-Kreuzung in eine Straße einmündet. Ab km 15 folgen Sie dann wieder dem regulären Weg.

↳ ☺ Als Fußgängerin oder Fußgänger können Sie hier ebenfalls den Weg verkürzen. Dabei lassen Sie die Megalithgräber aus.

Sie verlassen die Bahntrasse nach dem Viadukt. Hier zweigen nach rechts zwei Wege ab, der erste führt bergab und der zweite bergauf über Stufen, entscheiden Sie sich für den Treppenweg bergauf! Gehen Sie an der ersten Gabelung nach links und an der zweiten nach rechts. Die weiß-rote Markierung leitet Sie nun. Durch Wald verläuft der schwierige und schmale Pfad oberhalb der Landstraße. Nach kurzer Wanderung beginnt ein Treppenweg hinunter zu einem Bach, den Sie auf Trittsteinen überqueren. Die Schlucht wird enger. Dann führt der Weg wieder bergauf und durch eine Linkskurve zwischen Felsen auf das Plateau (km 12,3). Heidekraut und Ginster bestimmen hier die Landschaft. Markante, schräge Felsen ragen empor.

An einer auffälligen Felsgruppe (km 12,5) gibt es eine unauffällige Gabelung. Offensichtlich geht der Weg links bzw. geradeaus weiter. Das ist jedoch eine Finte, die nur zu einem Felsen (einer senkrecht aufragenden Klippe) führt und dort endet. Schauen Sie genauer, dann finden Sie rechts die weiß-rote Markierung an der Felsgruppe. Das ist Ihr Weg.

Der zunächst unscheinbare Pfad läuft über eine Steinstufe abwärts. Mit viel Fernblick durchqueren Sie die Felsen und erreichen einen Wanderweg. Nach links gelangen Sie zu einer großen Kreuzung. Gehen Sie geradeaus durch das Holztor. Eine Infotafel stimmt Sie auf die Megalithgräber – die Allées couvertes de Liscuis – ein.

Am ersten ⌘ Dolmen (km 13.5) gehen Sie rechts vorbei – wie auch bei allen weiteren. Bei km 13,6 erreichen Sie das zweite Grab ❻ und nach weiteren 100 m das dritte. Der Rundweg leitet Sie nach rechts, dann in einem Schlenker zurück zur großen Kreuzung mit dem Holztor. Nun wählen Sie den Weg geradeaus Richtung Bon Repos.

Bergab erreichen Sie einen Abzweig nach links. Folgen Sie jedoch weiter Ihrem bisherigen Weg durch eine Rechtskurve. Bei km 14,9 geht der Weg in einen eindrucksvollen Hohlweg ❼ über. Uralte Bäume bilden auf den Wällen längs des Weges eine Allee. An der Straße angekommen wenden Sie sich nach links. Nach 80 m mündet von links ein Wanderweg ein.

Hier trifft die Ausweichstrecke für den Kinderwagen auf die reguläre Wanderstrecke. Wenn Sie die Abkürzung genommen haben, so biegen Sie hier nach links ab.

Die ruhige Nebenstraße trifft schon nach 170 m auf die Landstraße.

Bitte überqueren Sie die Straße mit der angemessenen Vorsicht!

Hier ist die Haltestelle „Bon Repos“.

Links neben dem Wartehäuschen der Bushaltestelle verlässt ein Fußweg hinter einer Holzschranke die laute Straße. Der Weg führt Sie über eine Brücke über einen Bach. Nach rechts können Sie nun auf der wenig befahrenen Straße wandern, vorbei am Kloster. Hinter der Brücke über die Blavet endet Ihre Wanderung.

24 Der Wald von Huelgoat

Tour für Fans mystischer Wälder

Der Wald von Huelgoat ist ein landschaftliches Juwel. Im ganzen Wald verstreut liegen tausende Granitblöcke herum. Manchmal liegen sie haufenweise verschachtelt im Wald, unter ihnen rauschen unsichtbare Bäche. Dann gibt es die „Wackelsteine", ja, sie wackeln wirklich, man muss nur wissen wie. Und selbstverständlich ist auch hier die Artussage nicht wegzudenken. Sie wandern über das Camp d'Artus und können der Artusgrotte einen Besuch abstatten.

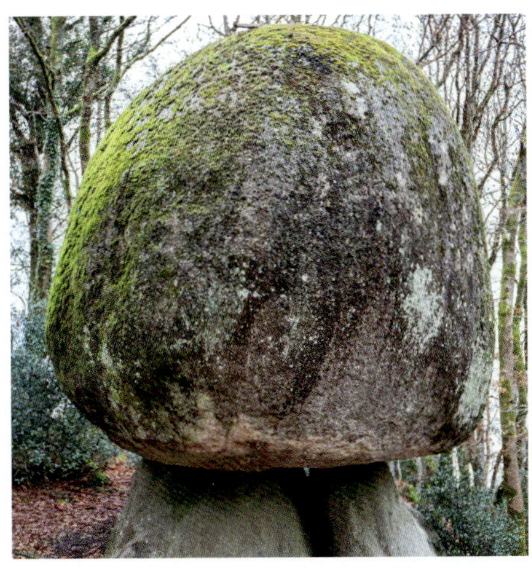

Le Champignon

- Start/Ziel: Parking du Champignon, Route de Berrien, Huelgoat, GPS N 48°22.100' W 003°44.880'
- 8,3 km
- 2 Std. 30 Min.
- 228 m/228 m
- 132-227 m
- zu Beginn ohne Markierung, gelbe Streifen (von km 2,8 bis km 3,2), anschließend ohne Markierung, dann wieder gelbe Streifen (von km 4,3 bis km 4,8), ohne Markierung (von km 4,8 bis km 5,2), ab dann weiß-rote Streifen
- Es gibt breite bis schmale Wanderwege, die auch felsig und steil sein können. Die felsigen Partien können rutschig sein. In Huelgoat werden Straßen benutzt.
- Crêperie de la Roche Tremblante (km 0,2), Café Sur la Route (80 m vom Marktplatz in Huelgoat (km 7,2) entfernt) und einige weitere Einkehrmöglichkeiten in Huelgoat
- Picknickhütte bei km 4,7
- Es gibt zahlreiche Geschäfte und Supermärkte in Huelgoat.

WC auf der Rückseite der Kirche in Huelgoat (km 7,2)

In diesem Wald gibt es an jeder Ecke neue Entdeckungen zu machen. Mit der nötigen Vorsicht ein wahres Abenteuer. Im Bereich der großen Felsblöcke und Bäche ist Vorsicht geboten, da Absturzgefahr bestehen kann. Achten Sie auf Ihre Kinder! Nehmen Sie eine Taschelampe für die Erkundung der Teufelsgrotte mit (km 7,5).

für Kinderwagen nicht geeignet

Für Hunde ist die Tour ganz gut geeignet. Im Bereich der großen Felsblöcke und Bäche ist Vorsicht geboten.

P am Start/Ziel der Tour

Mit der Linie 36 (Morlaix – Carhaix-Plouguer) oder der Linie 60 (Morlaix – Quimper) fahren Sie nach Huelgoat, Haltestelle „Bourg“, mehrmals täglich. Sie gehen zum Seeufer und auf der Rue du Lac in nordöstliche Richtung am See entlang, dann nach links in die Rue de Berrien und auf ihr bis zum Parking du Champignon (700 m von der Haltestelle bis zum Start der Wanderung).

Vom P Parkplatz aus überqueren Sie zunächst die Fahrbahn der Route de Berrien (D14) am Zebrastreifen. Eine schmale Straße führt neben einem terrakottafarbenen Haus in den Wald. In kurzen Abständen finden Sie nun Bänke. Bis zur Crêperie (km 0,2) folgen Sie der Straße und gehen dann links neben dem Lokal vorbei.

Crêperie de la Roche Tremblante, Rue de la Roche Tremblante, 29690 Huelgoat, ☏ 02 98/99 98 08, variable Öffnungszeiten

Auf der Rückseite des Gebäudes finden Sie einen Wegweiser Richtung „Le Ménage de la Vierge“.

Folgen Sie dem Schild, dann können Sie über Treppen das „Felsenchaos“ erkunden. Steigen Sie danach wieder zurück zum Wanderweg.

Mit Blick auf das Lokal wenden Sie sich nun nach rechts, überqueren einen Bach und entscheiden sich für den Weg, der dem Ufer des Rivière d’Argent am nächsten ist. Der Fluss begleitet Sie nun eine Weile zu Ihrer Rechten. Hinter einer Wegschranke gelangen Sie zur Straße. Dort angekommen wenden Sie sich sogleich nach links auf den Trampelpfad. Über Wurzeln steigt der Pfad empor. Schon bald mündet er in einen breiteren Wanderweg, dem Sie nach rechts folgen. An der nächsten Gabelung gehen Sie nach links, leicht bergauf Richtung Camp d’Artus.

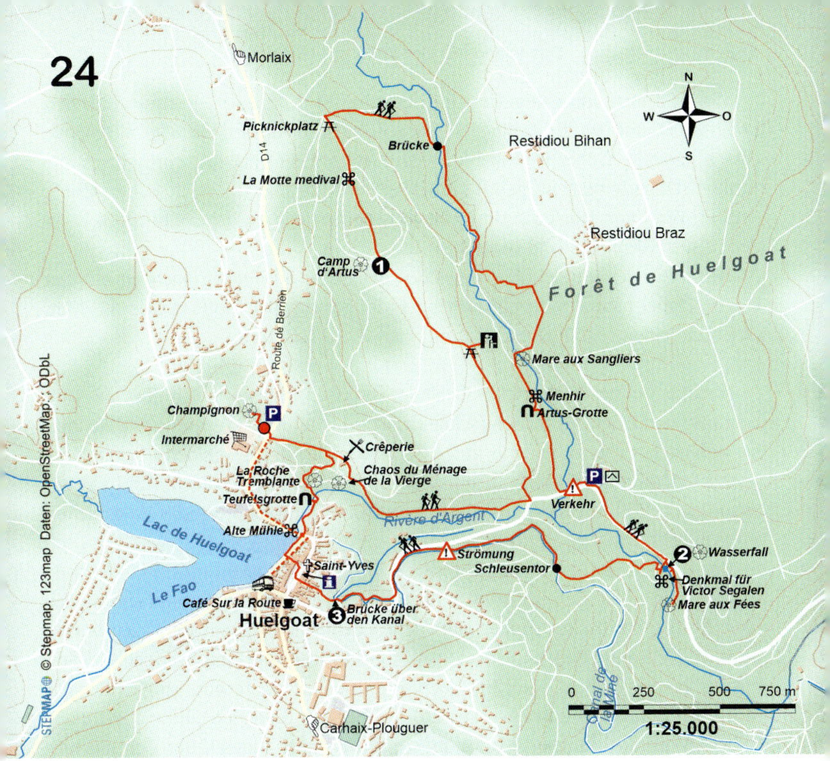

24

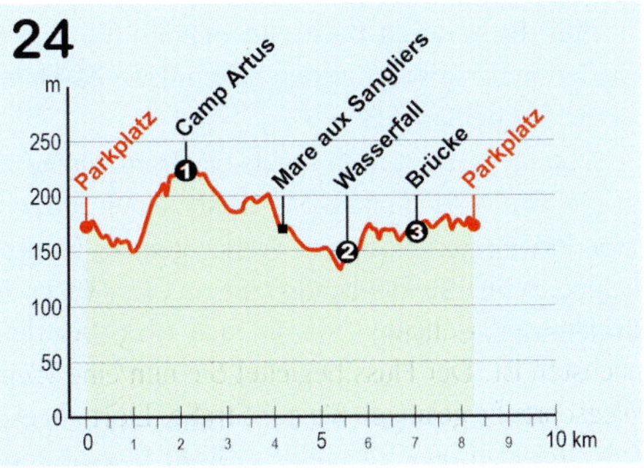

Sie laufen am Waldrand entlang und finden nach 500 m ⛼ eine Bank. Dahinter führt Sie ein Fußweg zu einem Aussichtspunkt (km 1,7). Zurück auf dem Wanderweg halten Sie sich immer rechts und erreichen bei km 2,2 das ✿ Camp d'Artus ❶, eine natürliche Felsformation. Weiter auf dem Weg durchqueren Sie ein umfriedetes ovales Gelände, die Überreste eines ⌘ keltischen Oppidums.

Was hält man von einem Bericht, der ca. 400 Jahre nach einem angeblichen Ereignis verfasst wurde? Richtig, da kann es sich nur um Fakten oder alternative Fakten handeln. Daher ist völlig klar, dass Artus gelebt hat und eines Tages aus Avallon (Département Burgund) zurückkehren wird. Die Überreste seines Quartiers im Wald von Huelgoat sind jedenfalls heute noch zu bewundern – in Form der Felsen. Wenn das kein Beweis ist!

Am Ende des umfriedeten Bereiches bemerken Sie rechts einen umzäunten Hügel. Dabei handelt es sich um eine Erdhügelburg (La Motte medieval). Man errichtete einen Erdhügel und baute darauf einen Holzturm.

Sobald Sie das historische Gelände verlassen haben, laufen Sie auf eine Schranke und einen ⩫ großen Picknickplatz zu. Hinter der Wegschranke wenden Sie sich nach rechts zu einer weiteren Schranke, die mit dem gelben Streifen markiert ist. Dieser Markierung können Sie nun durch urwüchsigen Wald folgen. Schon nach 500 m gelangen Sie zu einer Brücke, nun führt Sie das Wegzeichen am Wildbach entlang.

Bei km 3,2 überschreiten Sie einen schmalen Bachzulauf mit einem Schritt. Danach geht es für Sie geradeaus in Richtung des gelben Kreuzes und nun wieder ohne Markierung weiter, immer links neben dem Bach. Dieser frisst sich immer tiefer in die Landschaft und fließt mal in Stromschnellen, mal zwischen dicken Steinen hindurch. Bald leitet Sie der Wegweiser „La Mare aux Sangliers" nach rechts, drei Stufen hinunter und zur Brücke über den Wildbach. Diese überspannt das ❀ Mare aux Sangliers (km 4,2) – einen kleinen Tümpel, der sich hier am Bach gebildet hat.

Auf der anderen Bachseite wenden Sie sich nach links, nun können Sie sich wieder an das gelbe Zeichen halten. Den ⌘ Menhir de la Mare aux Sangliers passieren Sie bei km 4,3.

Von hier zweigt nach rechts ein Trampelpfad zu einer ∩ Höhle ab, der Artusgrotte (km 4,4). Statten Sie dieser einen kurzen Besuch ab, bevor Sie auf den Wanderweg zurückkehren. Weiter geht es immer am Wildbach entlang. Schließlich erreichen Sie die Landstraße an einer Wegschranke. Gehen Sie nach links am Straßenrand entlang.

✋ Die Landstraße ist zwar ruhig, jedoch kurvenreich. Daher werden Sie zu Fuß erst spät vom schnellen Verkehr bemerkt. Achten Sie hier daher besonders auf mitwandernde Kinder oder Hunde!

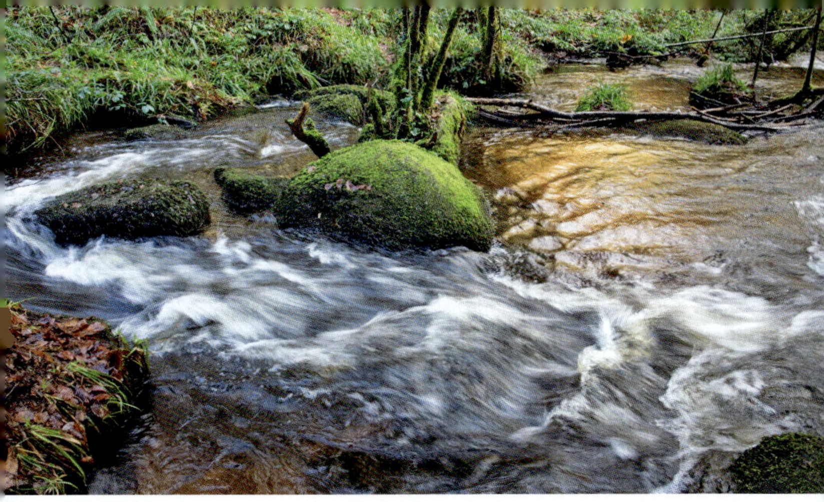

Wildwasser

Sie passieren einen großen Parkplatz mit Picknickbänken, Schutzhütte und Wandertafel. Gehen Sie noch 400 m weiter am Straßenrand und überqueren Sie dann die Fahrbahn bei der Treppe hinunter zum Wasserfall ❷ (km 5,2).

Am Wasserfall gehen Sie zunächst nach links, den Wildbach zu Ihrer Rechten. Der kurze Weg bis zum Mühlstein (km 5,4) führt Sie zum verwunschenen Mare aux Fées.

Die Bleiminen von Huelgoat wurden vermutlich seit der Bronzezeit betrieben, vermehrt dann in der Römerzeit. Die hauptsächliche Ausbeutung der Minen begann dann im 15. Jh. Im 16. Jh. wurde der See von Huelgoat angelegt, um die Minen mit Wasser zu versorgen. Unsere Wanderung geht ein Stück weit an einem der zuführenden Kanäle entlang. Die Blütezeit der Ausbeutung der Minen lag zwischen 1750 und 1867. Ende des 19. Jh. wurde der Betrieb dann ganz eingestellt.

Auf demselben Weg gehen Sie zurück zum Wasserfall. Wenn Sie nun über die Brücke gehen, finden Sie als Orientierung den weiß-roten Streifen. Ein kurzer, aber sportlicher Bergpfad empfängt Sie. An der ersten Abzweigung nach links können Sie dem ⌘ Denkmal für Victor Segalen – einen Schriftsteller, Ethnologen und Archäologen, der 1919 hier verunglückte – einen Besuch abstatten.

Zurück auf dem Weg leitet Sie die Markierung über schmale Pfade, bei denen Sie trittsicher sein sollten. Bald weist ein Schild Ihnen den Weg Richtung Huelgoat und Sie passieren ein altes Schleusentor bei km 5,7. Weiter geradeaus erreichen Sie den Kanal und eine Brücke. Bleiben Sie diesseits des Kanals und biegen Sie hier nach rechts ab.

Achtung, die Strömung ist stark und das Ufer bietet keinen Halt. Der Kanal ist zum Baden zu gefährlich! Achten Sie darauf, falls Sie mit Kindern oder Hunden unterwegs sind.

Immer am Wasser entlang verläuft Ihr Weg und mündet in die Straße im Dorf (km 6,7). Hier wechseln Sie die Fahrbahnseite – Vorsicht, die Stelle ist etwas unübersichtlich – und passieren links eine Reihe von Häusern. Bevor die Straße nach rechts schwenkt, zweigt ebenfalls nach rechts ein Fußweg hinunter zum Kanal ab. Diesem folgen Sie, bis Sie bei km 7,1 eine Fußbrücke über den Kanal ❸ erreichen. Die Brücke führt Sie auf eine Dorfstraße jenseits des Kanals. Ab hier laufen Sie wieder ohne Wegmarkierung. Nach rechts gelangen Sie in die Dorfmitte von Huelgoat.

☺ In Huelgoat finden Sie einige Lokale und Geschäfte.

☺ Möchten Sie eine Kaffeepause an einem besonderen Ort einlegen? Dann wenden Sie sich nach links und verlassen den Platz. An der nächsten Kreuzung sehen Sie schon das Café Sur la Route.

Café Sur la Route, 1 Rue des Cieux, 29690 Huelgoat, 09 86/48 38 01, cafelibrairiesurlaroute.com, ymaunet@hotmail.com, tägl. 10:00-18:00, urgemütliches Café in einem Buchladen, Getränke, Kuchen und kleine vegetarische Gerichte, sehr kinderfreundlich

Die Wanderung setzen Sie fort, indem Sie den Place Aristide Briand gegen den Uhrzeigersinn umrunden. Dabei kommen Sie am Touristenbüro und an der Kirche Saint-Yves vorbei. Auf der Rückseite der Kirche finden Sie ein öffentliches WC.

Office de tourisme des Monts d'Arrée, 25 Pl. Aristide Briand, 29690 Huelgoat, 02 98/99 72 32, www.montsdarreetourisme.bzh, variable Öffnungszeiten, am besten vorher anrufen

Gegenüber der Kirche – zwischen der Apotheke und dem Lebensmittelgeschäft – sehen Sie einen Durchgang. Dieser führt Sie zum Seeufer. Wechseln Sie die Fahrbahnseite am Zebrastreifen und folgen Sie dem Uferweg nach rechts. Am Abfluss des Sees (km 7,4) nutzen Sie den nächsten Zebrastreifen. Hier können Sie einen Blick auf die ⌘ alte Mühle werfen. Rechts finden Sie das Schild „Entrée des Sites La Roche Tremblante". Der Fußweg leitet Sie durch das ❀ „Felsenchaos".

☺ Für Kinder ein riesiges Vergnügen! Denken Sie daran, eine Taschenlampe mitzunehmen. Die benötigen Sie unterwegs in ❀ der Teufelsgrotte – Grotte du Diable (km 7,5).

Treppauf und treppab gelangen Sie bei km 7,6 zu einer Steinbank. Links davon geht es den Treppenweg hinauf, dann geradeaus noch ein Stück den Hang empor bis zum Fußweg, der links ins Dorf führen würde. Wenden Sie sich hier nach rechts. Nach wenigen Metern finden Sie eine weitere Steinbank und gehen weiter bis zur Schautafel. Etwas weiter rechts beginnt ein Treppenweg mit einem Geländer, gehen Sie dort entlang. Sie erreichen den „Wackelstein", La Roche Tremblante (km 7,8).

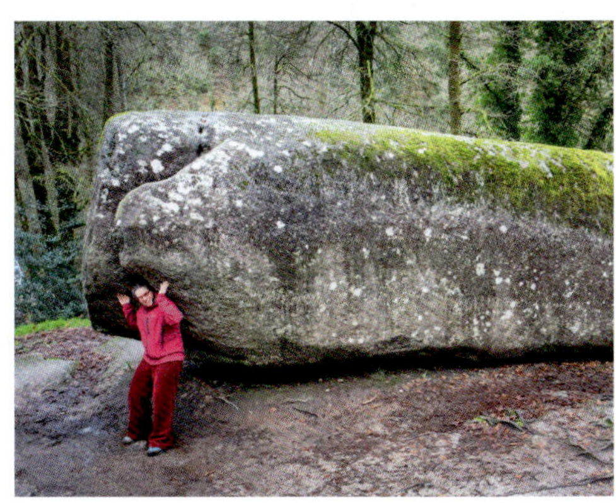

Am Wackelstein

Schaffst du es, den Stein zum Wackeln zu bringen? Super!

Ihr Weg führt Sie vorbei an der Crêperie, die Sie von hier aus sehen und schon vom Hinweg kennen. Nach links folgen Sie dem bereits bekannten Weg zurück zum Parkplatz. Dort angekommen sollten Sie die Wanderung nicht beenden, ohne dem ❀ Champignon (km 8,2) einen Besuch abgestattet zu haben. Am Ende des Parkplatzes weist Ihnen ein Schild den Weg eine Treppe hinauf. Nach der Besichtigung kehren Sie einfach auf gleichem Wege zurück.

25 In den Monts d'Arrée

Tour für alle mit wasserdichten, bergtauglichen Schuhen und Freude an Fernblicken

Sie steigen der Bretagne aufs Dach. Die drei höchsten Punkte der Bretagne sind der Menez Cador (384 m), der Roc'h Trévezel (384 m) und der Roc'h Ruz (385 m). Alle drei liegen dicht beieinander auf demselben Höhenzug. Sie wandern zum ersten Gipfel. Auf dem Rückweg gibt es einen Themenwechsel: Hier herrschen der Sumpf und das Wasser vor.

Start/Ziel: Parktasche unterhalb der Kapelle Saint-Michel, Montagne Saint-Michel, Saint-Rivoal, GPS N 48°20.910' W 003°56.645'

13,6 km

4 Std.

240 m/240 m

226-384 m

weiß-rot und ab Balanec-Ber (km 7,3) ohne Markierung

Wanderwege, die z. T. recht felsig sind, dann schmale, wenig befahrene Straßen und im Sumpfgebiet über weite Strecken Holzstege und Wanderwege, die je nach Jahreszeit und Wetter sehr nass bis unpassierbar sein können

Restaurant Kroas Torret (km 5,4)

Picknickplatz bei km 7,1

Die Tour sollte auch Kindern keine Schwierigkeiten bereiten, lediglich im Sumpfgebiet sollten sich auch die Kleinen an die Wege und Stege halten, sonst wird es nass. Auf einem der höchsten Gipfel der Bretagne zu stehen und sich im Anschluss durch den Sumpf zu kämpfen, ist auch für Kinder ein tolles Erlebnis.

Die Tour ist für Kinderwagen ungeeignet.

für Hunde gut geeignet

P Parkplatz am Start/Ziel unterhalb der Kapelle Saint-Michel (gleich nach der Linkskurve)

Es gibt keine Busverbindung.

Vom **P** Parkplatz aus folgen Sie der Straße für wenige Schritte bergab, am Schild „Montagne Saint-Michel" betreten Sie den Pfad. Ab hier folgen Sie der weiß-roten Markierung. Der Steinpfad führt Sie um den Berg herum. Anschließend laufen Sie auf einem Betonweg rechter Hand zur ✝ Kapelle Saint-Michel, wo Sie einen wunderbaren Ausblick genießen können.

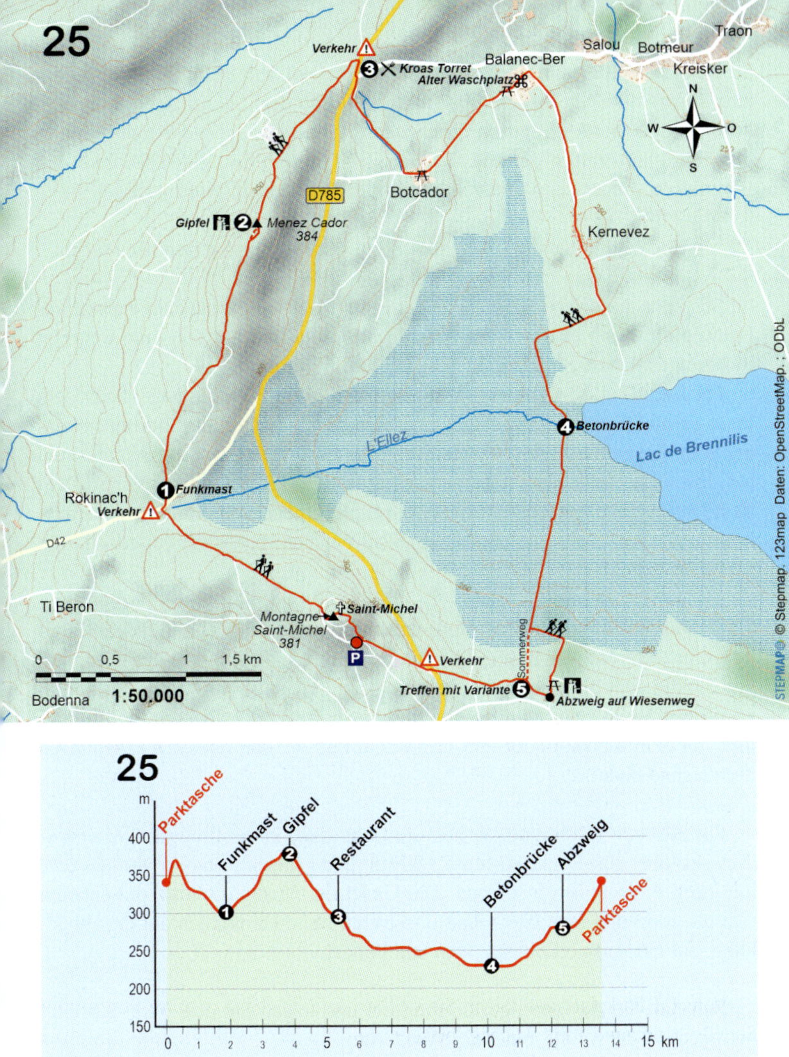

Dominiert wird die Landschaft vom Lac de Brennilis, der in ein Sumpfgebiet übergeht, welches Sie später noch durchqueren werden. Zunächst aber wenden

Sie sich zur Kirche, umrunden diese und folgen dann dem Steinpfad, der Sie über eine Treppe zu einem weiteren Parkplatz führt und dem Sie bis zu seinem nördlichen Ende folgen. Auf dem anschließenden Wanderweg gehen Sie wenige Meter geradeaus und steigen dann sich links haltend ab. Ab hier laufen Sie über den Bergrücken, immer der Markierung folgend in Richtung des Funkmasts.

Überqueren Sie die D42 mit Vorsicht und wenden Sie sich nach rechts.

Schon nach wenigen Schritten an der Fahrbahn entlang biegt links ein weiterer Feldweg ab. Nach einigen Metern nehmen Sie den rechten Weg, um weiter in Richtung Funkmast zu gehen, den Sie bei km 1,9 erreichen ❶.

Für kurze Zeit sorgt nun ein kleines Waldstück für Abwechslung. Hinter dem Wald gehen Sie geradeaus weiter. Der Weg wird nun breiter; die Spurrinnen können nach Regen feucht sein. Halten Sie sich an beiden Abzweigungen rechts, um auf dem Grat zu bleiben. Vor Ihnen liegt nun der Menez Cador (384 m). Dem Grat folgend gabelt sich der Weg vor dem Gipfel erneut. Wer etwas mehr Herausforderung sucht, kann hier den linken Pfad nehmen; beide führen jedoch zum Gipfel ❷ (km 3,9).

Am höchsten Punkt der Tour haben Sie nun an den Felsen die Gelegenheit, eine wohlverdiente Rast einzulegen, während Sie die Aussicht genießen. Folgen Sie mit dem Blick der unter Ihnen entlangführenden Hauptstraße nach links, so können Sie in einiger Entfernung den Roc'h Trévezel entdecken, der zusammen mit dem Menez Cador und dem Roc'h Ruz die drei höchsten Erhebungen der Gegend bildet.

Die Monts d' Arrée sind der höchste Gebirgszug in der Bretagne. Sie erstrecken sich über eine Fläche von etwa 150 km² und gelten als eine der ältesten geologischen Formationen in Europa. Die Gipfel der Monts d' Arrée präsentieren sich als wilde und raue Landschaft und bieten weite Fernsichten auf die Umgebung, auf moorartige Gebiete, Seen und Wälder.

Behalten Sie die bisherige Richtung bei und folgen Sie dem Weg den Grat herunter. An der Straße endet der Wanderweg.

Überqueren Sie mit aller Vorsicht die D785, da hier oft reger Verkehr herrscht.

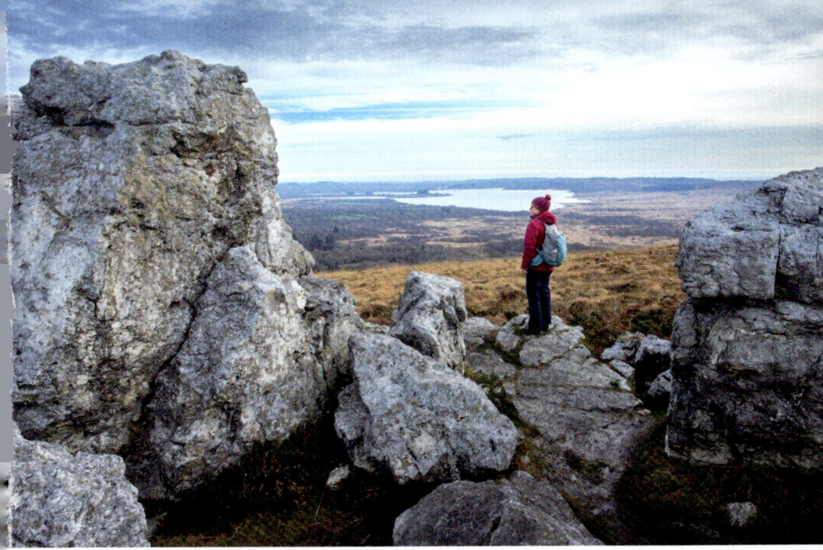

Am Aussichtspunkt

Wenden Sie sich der Häusergruppe zu Ihrer Rechten zu. Hinter dem ✕ Restaurant Kroas Torret ❸ (km 5,4) biegen Sie links in die Straße ein.

✕ Restaurant Kroas Torret, Croix Cassée, 29690 Botmeur, ☏ 02 98/99 62 95, kroas-torret.edan.io, fredericlagrange@yahoo.fr, im Sommer Mo-Sa 9:00-21:30, übrige Zeit Mo-Sa 12:00-13:30, original bretonische Küche, Menü € 13. ☺ Falls geschlossen ist, einfach klopfen!

Noch bevor Sie die Strommasten passieren, führt Sie die Wegmarkierung rechter Hand auf einen Grasweg, der direkt hinter dem mit Efeu bewachsenen Haus herführt. Nun geht es hinunter in eine Talsenke; nach dem Linksknick begleitet ein Bach den Weg. An der Straße wenden Sie sich nach links und folgen der Fahrradwegmarkierung Nr. 13.

Der Straße folgend durchqueren Sie die Dörfer Botcador und Balanec-Ber, wo Sie bei km 6,3 und km 7,1 Tische finden, die Sie umgeben von idyllischen Bruchsteinhäusern zu einem Picknick einladen. In der Dorfmitte von Balanec-Ber untermalen auf der Wiese rechts der Straße ein alter Waschplatz und eine Pferdetränke das pittoreske Ambiente (km 7,2). An der T-Kreuzung hinter Balanec-Ber biegen Sie rechts ab.

Auch Kernevez, das Sie als Nächstes durchqueren, besticht durch seinem urigen Charme. In der Dorfmitte passieren Sie den alten Dorfbrunnen. Der Allee folgend wird die Straße hinter Kernevez zu einem ebenen Feldweg. An der ersten Abbiegung folgen Sie der gelben Markierung nach rechts. Hinter der Betonbrücke erreichen Sie nun das Sumpfgebiet, das sich ab hier links und rechts des Weges erstreckt. Bei km 10,2 führt eine weitere Brücke über den Fluss Ellez ❹, der den Lac de Brennilis mit dem Sumpf verbindet. Dahinter kann der Weg im Winter matschig sein.

Am Lac de Brennilis liegt das einzige Atomkraftwerk der Bretagne. Es war von 1967-1985 in Betrieb und wurde dann stillgelegt. Ein vollständiger Rückbau ist bis 2038 geplant.

Bei km 10,5 überqueren Sie den Erdwall, zu dem Sie der Steg führt. Ab km 10,6 überqueren Sie den Sumpf nun abwechselnd auf Feldwegen und Holzstegen, während die Kapelle Saint-Michel auf dem Berg schräg vor Ihnen für ein aufregendes Panorama sorgt.

Sobald der Boden und die Umgebung wieder fester werden, können Sie sich an der Kreuzung bei km 11,5 für zwei Wege entscheiden, wobei Sie den geradeaus führenden nur im Sommer begehen können. Wenden Sie sich für den eigentlichen Wanderweg jedoch nach links. Ein kleiner Bach fließt hier über den Pfad, diesen können Sie mit zwei Schritten überqueren. An der Kreuzung biegen Sie nach rechts ab und gehen an dem Waldstück entlang. Die kleine Steigung wird mit einer Bank (km 12,1) belohnt, von der aus Sie den Ausblick auf eine Steinallee genießen können. Weiter die Straße hinunter sehen Sie ein Haus; auf halbem Weg dorthin biegen Sie bei km 12,2 rechts in einen Wiesenweg ab. An der Abzweigung wenden Sie sich nach rechts und gelangen zu dem Abzweig, an dem der reguläre Weg auf die Sommervariante trifft ❺ (km 12,4).

Auf der Infotafel können Sie sich Wissenswertes zur Steinallee durchlesen, der Sie nun nach links folgen können. Gehen Sie an den Abzweigungen weiter geradeaus. Bei km 13 gelangen Sie an eine asphaltierte Straße.

Überqueren Sie die D785 vorsichtig!

Links zweigt von der D785 eine weitere Straße ab, welche Sie bergauf zurück zum Parkplatz bei der Kapelle Saint-Michel führt, wo Sie die Wanderung beenden.